大国丰碑

邮票中的科学家

董瑞丰　祝魏玮　编著

新华出版社

图书在版编目（CIP）数据

大国丰碑：邮票中的科学家 / 董瑞丰，祝魏玮编著 .
北京：新华出版社，2024.10.
ISBN 978-7-5166-7620-2

Ⅰ . K 826.1-49；G 262.2-49

中国国家版本馆 CIP 数据核字第 2024MX 5705 号

大国丰碑：邮票中的科学家

编著：	董瑞丰　祝魏玮		
出 版 人：	匡乐成	特约编辑：	沈文娟
责任编辑：	祝玉婷　王依然	封面设计：	星汉湛光 - 山河
出版发行：	新华出版社有限责任公司		
	（北京市石景山区京原路 8 号　邮编：100040）		
印刷：	捷鹰印刷（天津）有限公司		

成品尺寸： 145mm×210mm 1/32	**印张：** 14	**字数：** 260 千字	
版次： 2024 年 10 月第 1 版	**印次：** 2025 年 5 月第 1 次印刷		
书号： ISBN 978-7-5166-7620-2	**定价：** 68.00 元		

微店

视频号小店

抖店

京东旗舰店

请加我的企业微信

扫码添加专属客服

微信公众号

喜马拉雅

小红书

淘宝旗舰店

序言

　　在历史的长河中，中华民族以古老的智慧、坚韧的毅力和卓越的创造力，为人类文明进程贡献了辉煌的篇章。新中国成立以来，在中国共产党的坚强领导下，我国科技事业蓬勃发展，取得了举世瞩目的成就。这些成就，离不开无数科学家的默默耕耘、无私奉献，他们以非凡的智慧和勇气，在各自领域开拓创新，为国家繁荣昌盛、人民幸福安康立下了不朽功勋。

　　星辰璀璨，不因时间而褪去光芒。方寸之间的邮票，是历史的见证者，是文化的传承者，也是精神的弘扬者。中国邮政发行的《中国现代科学家》纪念邮票，不仅定格了一批杰出科学家的风采，更彰显了中华民族对科学的崇尚与追求，激励着一代又一代中国人投身科学事业，为实现中华民族伟大复兴的中国梦不懈奋斗。

　　本书记录了入选《中国现代科学家》纪念邮票的 38 位科学家的科技创新故事。自 1988 年首组纪念邮票发行以来，九组 38 枚邮票如同一串晶莹的珠链，串联起中国现代科技从筚路蓝缕到星辰大海的壮阔征程。他们中有地质学巨匠李四光，为我国的地质勘探和石油工业发展奠定了坚实基础，让中国摘掉了"贫油国"的帽子；有物理学泰斗吴有训，在中国科学界开创了光学、原子核物理等学科研究的先河；有数学奇才华罗庚，在数论等领域取得广为人知的成就，推动我国数学事业蓬勃发展；还有气象学与地理学大家竺可桢，凭借对气候变迁和自然环境的深入研究，让中国人更好地认识自然、利用自然。

习近平总书记指出："科学成就离不开精神支撑。科学家精神是科技工作者在长期科学实践中积累的宝贵精神财富。"这些科学家以极具代表性的经历，对此作出了生动诠释。他们胸怀祖国、服务人民的爱国精神，勇攀高峰、敢为人先的创新精神，追求真理、严谨治学的求实精神，淡泊名利、潜心研究的奉献精神，集智攻关、团结协作的协同精神，甘为人梯、奖掖后学的育人精神，共同构成了中国科学家精神的丰富内涵。这种精神，是中华民族的宝贵财富，是推动我国科技事业不断前进的强大动力。

在农业领域，丁颖是我国稻作科学的奠基者，被尊称为"中国稻作之父"。袁隆平是杂交水稻研究的开创者，被誉为"杂交水稻之父"。他们的研究不仅极大地提高我国的粮食产量，让中国人端稳了自己的饭碗，还在国际上产生深远影响，为全球粮食安全和农业可持续发展提供了中国方案。

在医学领域，林巧稚以精湛的医术和高尚的医德，为我国妇产医学事业的发展做出了巨大贡献，守护了无数妇女的健康与生命；张孝骞在医学教育和临床实践中辛勤耕耘，培养了大批优秀的医学人才，为我国医学事业的传承与发展奠定了坚实基础。

在化学领域，侯德榜以侯氏制碱法的创新，打破了国外对制碱技术的垄断，为我国化学工业发展开辟了新道路，推动了中国化学工业的崛起。

在天文学领域，张钰哲对行星天文学的研究成果，为我国天文学发展提供了重要的理论支撑，让中国人对宇宙的探索迈出了坚实的一步。

在建筑领域，梁思成对中国古建筑的研究与保护，为我国建筑事业的传承与发展做出了卓越贡献，让中国古代建筑的文化瑰宝得以延续。

在林学领域，梁希为我国林业事业的发展鞠躬尽瘁，推动了林业科学的研究与实践，为我国的生态建设奠定了基础。

在桥梁工程领域，茅以升主持修建的钱塘江大桥等工程，不仅是中国桥梁史上的里程碑，更为我国的交通基础设施建设积累了宝贵经验，展现了中国桥梁工程的高超技艺。

在数学领域，吴文俊、陈景润等数学家推动了我国数学在国际舞台上的崛起，让中国数学在世界数学之林中占据了一席之地。

在物理学领域，严济慈、周培源等科学家在光学、理论物理等方面的研究成果，为我国物理学的发展奠定了坚实基础，培养了大批优秀的物理学家，推动了中国物理学不断进步。

在力学和航天领域，钱学森将个人前途与祖国命运紧密联系，奠定了我国近代力学的基础，并为我国火箭、导弹和航天事业的创建与发展作出了开创性贡献。

在"两弹一星"攻关中，钱三强、王淦昌、赵九章、郭永怀、邓稼先、朱光亚等科学家隐姓埋名，投身于我国尖端科技研究，铸就了国家安全的坚固盾牌，让中国在国际舞台上拥有了更大的话语权。

在计算机科学领域，王选以激光照排技术的创新，推动我国印刷出版行业的革命性变革，让中国印刷技术实现了从"铅与火"到"光与电"的跨越。

在应用光学领域，王大珩推动光学技术在国防、科研等多领域的应用，为国家的科技安全和信息获取能力提升提供了重要保障。

创新是一个民族进步的灵魂，是一个国家兴旺发达的不竭动力。

党的十八大以来，以习近平同志为核心的党中央坚持把科技创新摆在国家发展全局的核心位置，确立 2035 年建成科技强国的奋斗目标，鼓励广大科技工作者坚持"四个面向"，不断向科学技术广度和深度进军。

正是在这样的时代背景下，我们编写了这本书，既是对 38 位杰出科学家卓越成就的深情致敬，更是对科学家精神的深入传承与广泛弘扬。正如一位哲人所言："一个民族崇尚怎样的英雄，就拥有怎样的未来。"科学家不仅是国家科技实力的代表，更是国家精神气质的重要体现。他们所展现的理性精神、探索精神、创新能力与家国情怀，同样是当代中国软实力和文明形象的真实写照。

在全球科技竞争日益激烈、国家形象多维塑造的时代语境中，科学家群体的整体形象，正逐步成为大国形象的重要组成部分。我们希望通过本书的编写和出版，在更广阔的维度上展示新时代中国的风范——不仅是全球第二大经济体，也是一个崇尚知识、尊重人才、激励创新的文明大国。这样的中国，有温度，有深度，有力量。

每一枚《中国现代科学家》纪念邮票，都是一扇通向科学世界的窗口；每一位科学家代表，都是时代的见证与未来的启迪。翻开这本书，读者将走进一座精神的殿堂，与科学家的思想对话，感受他们的品格、追求与信仰。他们是中国的骄傲，是民族的脊梁，是引领我们迈向科技强国的永恒丰碑。

愿这本书成为一把钥匙，开启更多读者走近科学、理解科学、尊重科学的大门。愿科学家精神在新时代的征程中薪火相传，激励更多人投身科技事业，勇立时代潮头，为实现中华民族伟大复兴的中国梦贡献智慧与力量。

大国丰碑

第九组

李四光

1889.10
—
1971.4

摘掉"中国贫油"的帽子

中国地质力学的创立者
中国现代地球科学和地质工作的
主要领导人和奠基人之一
新中国成立后第一批杰出的科学家和
为新中国发展做出卓越贡献的元勋
曾任中国科学院副院长

> "我是炎黄的子孙，理所当然地要把所学到的知识，全部献给我亲爱的祖国。"
>
> ——李四光

在很长一段时期里，"贫油"是贴在中国身上的一个标签。

20 世纪早期，美国工程师曾在陕北、东北勘探，得出"不存在有价值油田"的结论；日本侵略者为掠夺资源，更是大规模勘探试钻，最终也一无所获。

不能光听"洋权威"的！一批接受了西方科学系统教育，又用脚步一点点丈量了这片东方大地的中国科学家，振臂高呼，提出自己的原创理论。

李四光正是其中一面光辉的旗帜。

李四光，中国现代地球科学和地质工作的主要领导人和奠基人之一。他根据自己独创理论提出，中国的石油资源蕴藏量应当是丰富的，要"到新华夏构造体系的坳陷带找油"。大规模的石油普查勘探由此展开，大庆油田、胜利油田……接二连三地发现，一举摘掉了"中国贫油"的帽子，在新中国历史中留下一段振奋人心的记忆。

2009年10月，新中国成立60周年，已故的李四光当选为"100位新中国成立以来感动中国人物"之一。颁奖词中那句"他是新中国地质事业群星中最为明亮的一颗"，是对李四光一生最好的赞扬和诠释！

抱定一个志向：为国家做大事

李四光生于1889年。少年时，湖北省城武汉兴办新学堂，素来聪颖好学的他，考取了新学堂里唯一一个留学日本的名额，进入大阪高等工业学校，选择了船用机关专业就读。

留日的青年学生里，革命思潮涌动，李四光一边埋首苦读，一边也与宋教仁、马君武等革命党成员越走越近，并结识了孙中山先生。

七年后，待他学成归国，革命的浪潮正如火如荼。1911年10月10日，湖北新军首义成功，李四光被推选为湖北军政府实业部部长。

以李四光的资历和能力，完全可以青云直上，成为达官显贵。然而，李四光失望地发现，革命的果实正被窃取。他不愿随波逐流，那就选择一条崭新的人生道路吧，用科学来救国！

这一次，是去英国。李四光来到伯明翰大学，先就读采矿专业，继而转入地质专业。他在给友人的信中这样解释：学采矿，于个人前程有利；学地质，于国家有利。权衡再三，还是选择地质。

1918 年，李四光用英文写就长达 387 页的论文《中国之地质》。答辩时，面对众多教授，李四光从容不迫，侃侃而谈："新一代炎黄子孙……一方面要为纯科学的发展而尽力；另一方面，要用得来的知识，直接或间接地解决有关工业问题。"

从 1920 年到 1948 年，李四光将自己奉献给中国地质学。他做出了一项项丰硕的成果：

蜓科，含有这类古生物的岩石，其地层中都可能开采出煤炭。李四光行万里路，采集大量石头标本，提出新的鉴定和分科方法。

第四纪冰川，国际学术权威早有论断"不曾在中国存在"，李四光走遍华北，三上庐山，舌战多国地质专家，对这一观点提出新的思考和研究。

地质力学，李四光独创的一种理论，他认为地球自转产生水平分力，进而推动地壳运动，引起地球表面形象变迁。此前，中国还没有哪位学者在国际学术界独树一帜，建立起自己的理论体系。

青年李四光。

他的专著《中国地质学》一书出版，赢得了很高的国际声誉……

但李四光也留有深深遗憾。抗战期间，权贵子弟逃跑时仍带着细软辎重，科研人员的仪器标本却散落一地没人搭理。胜利了，"接收大员"们个个骄奢淫逸、飞扬跋扈，知识分子却要吃救济粮、受窝囊气。

李四光决意与这些腐朽的当权者划清界限。1948年，他以学术交流的名义再度来到英国。没想到，短短一年间，国内形势变化快得让人应接不暇。次年，学生给他写信：共产党领导的解放军以迅雷不及掩耳之势，摧毁了国民党的重重防线……

"中国的天，真要变了。"李四光兴奋得不能自已，在伦敦的公寓里来回踱步。

不久，他又收到郭沫若的来信，请他做好回国打算。正当此时，英国的朋友也给他透露消息：国民党驻英使馆接到密令，要他拒绝接受共产党的邀请，否则扣留起来，押解至台湾。

李四光义无反顾，决定再度回国。夫人不无忧虑："你对共产党没有过多了解，就这样立刻回去？"

李四光动情地说："我16岁那年，中山先生嘱咐我努力向学、蔚为国用。从那时起，我就抱定一个志向：为国家做大事。可是，40年来，国无宁日，我空有报国之心。不错，我和共产党没有很深的交情，但他们反对专制暴政，亲近民众，就这些，足以叫我对中国的未来充满希望。"

1949 年 12 月，李四光转道意大利，乘船踏上归途。年近花甲之年，几度留洋，这一次，他终于彻底回到了能让他真正施展生平抱负的祖国。

为寻找石油建立不可磨灭的功勋

回到祖国的李四光受到热烈欢迎，出任新政府首任地质部部长。

新生的共和国百废待兴，对于石油能源的需求量很大，但绝大多数石油都要进口，早年间西方"中国贫油"的论断，让新中国的建设者们忧心忡忡。

1953 年初冬的一天，一辆红旗牌轿车停在地质部门前，工作人员告诉李四光，中央领导请他到中南海。随后，汽车驶过长安街上，穿过新华门，停在了新中国的中枢机关。

"要进行建设，石油是不可缺少的。天上飞的，地上跑的，没有石油都转不动。你是地质部部长，你看怎么办？"共和国的领袖们发问。

一刹那，千言万语涌上李四光的心头，他既紧张，又无比兴奋。理了理思路，他开始从新华夏构造体系的观点出发，向在座的共和国领导人分析这 960 万平方公里土地的地质条件。"中国有丰富的石油资源。"他把自己多年来对中国地质条件和石油储存的思考逐一道来。

领导人凝重的双眉舒展开来，当即拍板：组织人马，开展普查，探明储量。石油普查勘探的战略决策由此开始实行。

1956 年，67 岁高龄的李四光亲自主持石油普查勘探工作。他以自创的地质力学为理论基础，指出石油勘探工作应该打破"偏西北一隅"的局面，寻找几个希望大、面积广的可能含油区。

"到新华夏构造体系的坳陷带找油""不放弃西北，多搞东北""战略东移""三年攻下松辽平原"……在李四光的运筹帷幄下，从油砂、油苗到油区、油田，胜利的曙光越来越近。井架高高竖起，钻机隆隆响起。1959 年 9 月，在松辽平原一个叫大同的小镇附近，一座名为"松基三井"的油井终于成功喷出了乌黑发亮的原油。

时值新中国成立 10 周年，油田以"大庆"命名，这个源于石油、取之国庆的名字很快便叫响全国，也翻开了中国石油开发史上具有转折意义的一页。随着大庆油田的发现，我国石油很快实现基本自给，一改依赖进口的局面。

继大庆油田之后，胜利、大港、华北、江汉等油田陆续被发现，一系列大油田产出滚滚石油，将"中国贫油"的帽子彻底地甩进了太平洋。

1963 年年底，周恩来总理在第二届全国人大四次会议上庄严

1957 年 6 月，李四光在杭州飞来峰用放大镜察看石灰岩中的有孔虫化石。新华社照片

1965 年，李四光在北京地质研究所察看矿石标本。

宣布：我国需要的石油，现在已经可以基本自给了。次年，周总理又在政府工作报告中专门指出：第一个五年计划建设起来的大庆油田，是根据我国地质专家独创的石油地质理论进行勘探而发现的。

李四光不禁潸然泪下。

在追寻科学真理的路上，只有实事求是

先后挑战"中国无第四纪冰川"和"中国贫油"的"权威结论"，世界首创地质力学学科，在地震地质领域的卓然建树，为"两弹"研发做出鲜为人知的贡献……李四光的一生，有太多辉煌值得书写。

大胆怀疑，善于提问，冲破禁区，发现真理——这 16 个字，可谓李四光一生的坚守。

地质学作为一门科学，发源于 18 世纪末的欧洲。过了百余年，20 世纪初，奥地利地球物理学家魏格纳创立了著名的大陆漂移说，系统论证了现今各大陆是由一个统一的原始大陆分裂漂移而来，向传统地质学提出了挑战。从此，物理学、化学、古生物学的方法和地质学相结合，成为地球科学的综合研究方法。李四光的地质力学也在这样的背景下产生和发展起来。

20 世纪 20—40 年代，李四光曾编写《地质力学的基础与方

20 世纪 60 年代，李四光在中国地质科学研究院地质力学研究所举办的进修班上讲课。新华社照片

法》一书，为地质力学的诞生打下坯子。这项研究发展到系统化程度，并被当作一门地质科学的边缘学科看待，则是新中国成立以后的事情。

1962年年初，李四光终于完成了《地质力学概论》。可以说，这是李四光对40年地质工作实践经验的总结，是他在地质力学方面的代表作，也是我国地质力学研究史上的一个里程碑。

在这部重要著作中，李四光不怕质疑前辈学术权威的理论，大胆探索独创的学术观点。同样，他也不怕被他人质疑。他曾说："在追寻科学真理的路上，没有老师，更没有对与不对，只有实事求是！"当自己提出的理论受到学生质疑时，李四光没有生气，反倒告诉学生：不该因为害怕亮出不同意见而在发文时用了笔名。

进入古稀之年时，李四光加入中国共产党。在支部大会上，他说，就"像是一个刚出生的婴儿，生命的新起点才开始"。他还曾告诉一位外国朋友："能够生逢这样伟大的时代，我深深感到生活真有意义，生命值得珍贵。"

自从1965年动脉瘤确诊之后到1971年这6年中间，李四光知道自己的生命不长了，但他自忖还有许多未竟之事要做，便不顾医生劝阻，仍全身心投入到工作中。有一次，夫人见他紧张工作了一天赶写著作，直到深夜才搁笔，不禁心疼地"质问"他："你在写遗嘱了吧？"

李四光总是在想，自己一生所做的事情太少，与党和人民给予他的荣誉相差太远，总希望在剩下的不多的时间里，再努一把力，再多贡献一点力量。直到 1971 年他逝世的前一天，他还恳切地对医生表达了要继续做地震预报工作的意愿。

把自己一生奉献给中国的地质事业，李四光身上透射出"为中华民族伟大复兴而奋斗不已"的爱国情怀，在科学上知难而进的创新精神，以及他坚韧不拔的事业心和严谨细致的治学作风。

这是他留下的宝贵精神财富。

参考文献

1. 陈群等 . 李四光传 [M]. 北京：人民出版社，2009.

2. 孟宪明 . 李四光传 [M]. 河南文艺出版社，2018.

3. 邹宗平口述 . 一生襟袍为国开——我的爷爷李四光 [M]. 江苏：凤凰科学技术出版社，2024.

4. 北京市科学技术协会 ."中国地质之父"李四光 .2019.

华罗庚　数学家
一九一〇一一九八五
J.149.(4—4)

中国
人民邮政 30分
1988

华罗庚

1910.11
—
1985.6

中国现代数学的开拓者

我国数学界的泰斗级人物

中国科学院院士，美国国家科学院外籍院士

国际上以他命名的数学科研成果有"华氏定理"

"华氏不等式""华一王方法"

> "在寻求真理的长河中，唯有进修，赓续地进修，勤奋地进修，有创造性地进修，才能越重山跨峻岭。"
>
> ——华罗庚

　　天才，往往由 99% 的汗水和 1% 的天赋组成。如果不能坚持勤奋努力，即便有聪明才智也难以达到"大家"的殿堂。

　　我国著名数学家华罗庚，幼时家境贫寒，高中尚未念完就不得不辍学，其后又接连遭遇变故，但他凭借顽强的毅力和超乎常人的努力终成一代数学巨匠。古人说："天将降大任于斯人也，必先苦其心志，劳其筋骨，饿其体肤，空乏其身，行拂乱其所为，所以动心忍性，增益其所不能。"华罗庚的一生，不正是如此吗？

辍学可以，但不能忘记学习

1910 年 11 月，华罗庚出生在江苏金坛，家里以开杂货铺为生。华罗庚出生时，父亲已经 40 岁了，中年得子，自然视如珍宝，于是按照当地习俗，将儿子轻轻放进箩筐，在上面又扣了个箩筐道："进箩避邪，同庚百岁。"华罗庚也由此得名。

幼年时候的华罗庚口齿不清，行动也不敏捷，乡亲们管他叫"罗呆子"。等上了初中，华罗庚遇到一位懂得因材施教的好老师——王维克。在王老师的精心引导之下，华罗庚的学习成绩突飞猛进，表现出极为惊人的数学天赋。

在一次数学课上，老师出了一道思考题，解题需要用到"孙子定理"，难度很大，老师一开始担心没有同学能够回答上来，令他没想到的是，题目刚一读完，华罗庚就给出了正确答案。

初中毕业后，华罗庚进入上海中华职业学校，可仅学习了一年，就因为家庭贫困无法承担高昂的学费和生活费，不得不离开学校，在父亲经营的小杂货铺当学徒。华罗庚没有放弃自己喜欢的数学，一边帮父亲干活，一边继续读书自学。

不幸再次降临。华罗庚 19 岁那年，母亲因病逝世，他自己也染上了可怕的伤寒病，虽然大难不死，但因高热和长期卧床，致使左腿落下残疾，从此行走不便。

普通人接连遭受打击后，恐怕多已向命运低头，但华罗庚顽强地同命运抗争。白天，他拖着病腿，忍着关节剧痛，挂着拐杖一颠一颠地干活，到了晚上，就在油灯下自学到深夜。他以战国时代著名军事家孙膑的例子勉励自己："古人尚能身残志坚，我才只有 19 岁，更没理由自暴自弃，我要用健全的头脑，代替不健全的双腿。"

就这样，华罗庚用 5 年时间自学完了高中和大学低年级的全部数学课程。对于大多数人而言，那些微积分和代数知识晦涩难懂，但对于华罗庚来说，这些东西是能使他忘记痛苦的精神食粮。

留洋可以，但不能忘记祖国

华罗庚的天赋和刻苦努力，让他在数学界崭露头角。

1930 年，华罗庚在上海的《科学》杂志上发表了一篇名为《苏家驹之代数五次方程式解法不能成立的理由》的论文。时任清华大学数学系主任的熊庆来看到这篇论文，对文章中的观点大为赞赏，不顾华罗庚的初中学历，让他进入清华大学图书馆担任管理员。

来到清华园的华罗庚如鱼得水，他每天游弋在数学的海洋，又自学英文、德文和法文，在国内外著名的杂志上发表了十余篇论文。1934 年，24 岁的华罗庚因突出的数学才能被破格提拔成讲师。

1936 年，经熊庆来教授推荐，华罗庚前往英国剑桥大学留学。

华罗庚资料照片。

1978 年五六月间，"北京市中学生数学竞赛"
和"全国八省市中学生数学竞赛"相继举行。
在北京市中学生数学竞赛一个考场上，华罗庚
亲临现场，看望、鼓励同学们。高明义摄（新
华社稿）

在剑桥期间，华罗庚依然如饥似渴地学习，他集中精力研究"堆垒素数论"，得出了著名的"华氏定理"，还解决了欧洲数学之王高斯提出的完整三角和估计问题，一时轰动剑桥。

声名显赫的数学家哈代听闻华罗庚的才气，希望他留在剑桥攻读博士学位。但此时国内正值抗战，华罗庚怀着强烈的爱国热忱，毅然踏上回国的路程。

回国后，华罗庚被聘任为西南联大教授。在极为艰苦的生活条件下，他白天教学，晚上在菜油灯下孜孜不倦地从事研究工作，写下了著名的《堆垒素数论》。

抗战胜利后，1946 年，华罗庚再次应邀出国讲学，先后任普林斯顿高等研究院研究员、美国伊利诺伊大学终身教授，家属也随同定居美国。许多人都以为他一定会定居海外，没想到新中国刚成立不久，华罗庚就决然放弃在美国的优厚待遇，再次奔向祖国的怀抱。

1950 年，在返国途中，华罗庚写了一封著名的致留美学生公开信，信中这样写道："为了选择真理，我们应当回去；为了国家民族，我们应当回去；为了服务人民，我们应当回去；就是为了个人出路，也应当早日回去，建立我们自己的工作基础，投身我国数学、科学研究事业，为我们伟大祖国的建设和发展而奋斗。"

成名可以，但不能忘记初心

回国后的华罗庚，迅速投身于新中国的自然科学学科建设。他发现并培养了一批优秀人才，不仅极大推动了中国数学的发展，而且在 20 世纪 50 年代还负责筹建中国科学院计算技术研究所，为我国发展计算机技术事业打下基础。

为了新中国建设，进入 60 年代，他又将研究重心做了转变，更加重视数学的实用性，把数学方法创造性地应用到国民经济领域。

经过下工厂调研，华罗庚了解到生产安排、进度、工期等方面存在的一些管理问题，并以国外的 CPM（关键线路法）和 PERT（计划评审法）为基础，提出以改进生产工艺、提高质量为目的的"黄金分割优选法"，以及用以处理生产组织与管理问题的"统筹法"。

1965 年 2 月，华罗庚亲率助手和学生去北京电子管厂搞统筹方法试点，后又去西南铁路工地搞试点。他于 1965 年出版了小册子《统筹方法平话》。书中用"泡茶"这一浅显的例子，讲述了统筹法的思想和方法。这样，即便是文化程度不高的工人也能懂，联系实际问题也能用。

随后，华罗庚又考虑在生产过程中如何用最少的试验次数选取最优的工艺参数，以提高产品质量。他从理论上给出严格证明，

数学家华罗庚 1981 年在港讲学。
（新华社记者牛畏予摄）

华罗庚勤于思索，一有所得便记在
身边的物品上，他的扇子、请柬等
都有他辛勤思考的记录。这张照片
摄于 1985 年 6 月 1 日他赴日访问
前夕。（新华社记者杨武敏摄）

1971 年出版了小册子《优选法平话》，书中着重介绍了 0.618 法（黄金分割法）。因为这一方法适用面广、操作简单、效果显著，受到当时工厂广大工人的欢迎。

1970 年，全国 7 个工业部负责人坐在一起，专门听华罗庚讲优选法、统筹法。之后，华罗庚凭他个人的声望，到各地借调得力人员组建"推广优选法统筹法小分队"，亲自带领小分队去全国各地推广"双法"，为工农业生产服务。华罗庚的报告通俗易懂、形象幽默，每到一处，都有成千上万的群众参加……

1985 年 6 月 12 日，作为世界上最具影响力的中国数学家之一，华罗庚在日本讲学考察时因心脏病发作逝世，享年 75 岁。

这颗享誉世界的数学巨星从此陨落，但是华罗庚顽强的意志、为人民服务的精神，如璀璨星光，永远辉映在华夏子孙的文明长河中。他走过的道路，亦是 20 世纪中国知识分子前进的光明大道。"人民数学家"，他当之无愧！

参考文献

1. 刘洋. 推广"统筹法"参与三线建设——1965 年华罗庚的西南之行 [J]. 自然辩证法研究，2021.
2. 朱亚宗. 一生"三立"，天下传奇——纪念华罗庚诞辰 110 周年 [J]. 高等教育研究学报，2020.
3. 姚秦川. 海纳百川的华罗庚 [J]. 共产党员，2021.
4. 华罗庚. 中国现代数学之父 [J]. 科学大观园，2021.
5. 顾迈南. 华罗庚传 [M]. 上海：复旦大学出版社，1998.

吴有训 物理学家
一八九七一一九七七
J.149.(4-3)
中国
人民邮政 **20**分
1988

吴有训

1897.4
—
1977.11

中国近代物理学先驱

物理学家、教育家

我国近代物理学研究的开拓者和奠基人之一

20 世纪 20 年代，在 X 射线散射研究中以系统、精湛的实验

和精辟的理论分析为康普顿效应的确立和公认做出了贡献

回国后开创 X 射线散射光谱等方面的实验和理论研究

曾任中国科学院副院长

> "凡能独立工作的人，一定能对自己的工作开辟一条新的路线。"
>
> ——吴有训

康普顿效应在物理学发展史上占有重要位置，它第一次从实验上证实了爱因斯坦提出的关于光子具有动量的假设，物理学家康普顿也因此获得了诺贝尔物理学奖。

之所以提到康普顿效应，是因为今天介绍的我国著名物理学家吴有训，也是我国近代物理学研究的开拓者和奠基者之一，曾亲身参与了康普顿效应大量实验验证工作，在其中发挥了重要作用。

在验证康普顿效应中发挥重要作用

吴有训 1897 年出生于江西省高安市荷岭乡一个名叫石溪吴村的小村庄。出身农家的他，从小十分珍惜来之不易的学习机会，始终保持着谦虚好学、奋发向上的劲头。先到县城，又到省城，吴有训的少年时代几乎日日与书为伴。

1916 年，吴有训考上了我国最早成立的四大国立高等师范学校之一——南京高等师范学校。学习期间，他求知若渴，新学了理化科一个原理，即便老师没有专门要求，他也总要去实验室里实验一番，写出报告。久而久之，他养成独立思考的习惯，还开启了发明创造的大门。

也是在此期间，青年吴有训对未来的人生目标有了明确打算。他决定走科学救国之路，希望能够把旧中国贫穷、落后、愚昧的帽子摘下。

1922 年，吴有训通过官费留学考试，远涉重洋来到芝加哥大学的研究生院，师从物理学大师康普顿教授。他积极参加导师对 X 射线散射现象的研究，对导师发现的每一点成果都尽力用物理实验加以证实。他整天泡在图书馆和实验室里，甚至经常为此耽误吃饭、睡觉。

20 世纪初，普朗克和爱因斯坦先后提出能量不连续辐射和光量子概念之后，有关光的粒子特性问题，成为国际物理学界普遍关

青年时期的吴有训。

吴有训资料照片。

注的一个焦点。当时理论普遍认为，辐射过程或辐射本身是量子化的，但这些理论迫切需要新的实验证据。

康普顿教授此时刚刚提出后来被称为康普顿效应的论断，可以从实验上证实爱因斯坦提出的关于光子具有动量的假设。不过，此时的康普顿效应仅局限于某一种特殊条件，还难以令众人信服。

吴有训在导师的指导下，陆续使用 15 种不同的样品材料进行 X 射线的散射实验，有力地证明了康普顿效应的普遍适用性。这也为康普顿教授赢得诺贝尔物理学奖提供了坚强支撑。

在 1926 年的美国物理学会会议上，吴有训一个人宣读了三篇论文，这为他收获了极大的学术声誉。在此之前，很少有中国人能得到如此高的待遇。

要为中国培养一批了解世界、懂得科学的人才

1926 年夏天，吴有训在美国芝加哥大学物理系获得了博士学位。由于研究康普顿效应取得的成就，多家研究所向他发出邀请。康普顿教授也对吴有训青睐有加，在自己的著作和多种场合经常提到吴有训。吴有训在美国物理学界有着光明的前途。

但吴有训毅然选择与优渥的研究环境告别，回到此时仍积贫积弱的祖国。面对导师的极力挽留，吴有训说："中国的问题绝不是

在国外拥有几位拔尖的科学人才就能解决的，也不是一代人能够解决的……我决心回国教书，培养一代又一代的学生，中国只有千千万万了解世界、懂得科学的人才，然后才能进步。"

怀着对祖国无限的热爱，吴有训于 1926 年秋回国任教。1928年起，吴有训任清华大学教授、物理系主任、理学院院长，从此开始了长达二十多年的教育之路。

初到清华物理系时，全系只有三名教授，吴有训主动请缨，教授普通物理学课程。关于吴有训讲课的情形，他曾经的学生回忆：我们当时已经知道吴先生做过一些很重要的工作，称得上是一位有成就的物理学家了，大家猜测他会不会在一堂课上讲出一些深奥难懂的道理来，但是吴先生却在讲课之初提出了一个最简单的问题，皮球落地之后为什么能反弹起来？然后循循善诱让大家明白这是因为地面的反作用所致。

对于打好物理学研究的基础，吴有训自己这样说：学习精密科学的人，一开始就应养成用科学语言描述事物的习惯，只有这样，才能保证思维清晰，把问题分析透彻。

1929 年，吴有训在清华建立起我国第一个近代物理学实验室，进行国内 X 射线问题的研究，开创了中国物理学研究的先河。他重视实践、学思结合的研究观念，也在清华园中得到延续。

1936 年，由于在物理学上的突出贡献，吴有训任中国物理学会会长，并被德国哈莱自然科学研究院推举为该院院士，成为第一位被西方国家授予院士称号的中国人。

"科学工作，在精细与有恒"

回国后，吴有训长期从事教育工作，先后为中国物理学界培养了一大批杰出人才。

1945年，第二次世界大战结束前夕，美国向日本广岛和长崎投下两颗原子弹。消息传来，吴有训作为一位核物理专家，敏锐地意识到中国也要及早布局，加强研究。

1946年，吴有训在昆明西南联大和重庆中央大学校园内，先后做了两场有关原子弹基本原理的科普报告讲座，数千名师生争相参加。在他出任中央大学校长后，第一件事就是在校内建设一个原子核研究室，并"借"来西南联大的赵忠尧，让其出任研究室主任。

吴有训和另一位资深物理学家萨本栋一起，共同研究制订了一个原子能预研计划：由中央大学与中央研究院合作建立一个核研究机构，聚集全国核物理科学人才，同时培养核物理学科学生并派遣出国学习。由于种种原因，这一计划最后没有实现，但提前为新中国的核研究打下了人才基础。

1964年，我国第一颗原子弹试爆成功。在人民大会堂，党和国家领导人接见了原子弹工程的主要科研人员，时任中国科学院副

1955年10月，时任中国科学院副院长的吴有训（右一）迎接返回祖国的钱学森到达北京。（新华社发）

1973年8月，时任中国科学院副院长、全国科学技术协会副主席的吴有训（左二）在北京会见美籍中国电子物理学家张可南。

院长的吴有训陪同出席并发表讲话。

吴有训望着台上那些熟悉的面孔：钱三强、王淦昌、邓稼先、朱光亚、王大珩、陈芳允等。"同学们！"当他突然意识到在这个场合如此称呼似乎有些不妥，于是停顿了一下，改口道："同志们！"周恩来总理说："吴先生你不必改口，还是称'同学们'更好，这里只有你才有这个资格使用这个称呼。今天，也是你们师生之间的一次特殊盛会。"

为纪念吴有训在开创我国物理学事业和开创中国物理学会所做出的突出贡献，中国物理学会以他的名字命名设立吴有训物理学奖，授予原子核物理方面有突出成就的物理学家。

1977 年，80 岁的吴有训仍在关心着我国科学界年轻人才的培养，逝世前夜，他还在给钱学森写信，推荐湖南山区的一位农村青年教师所写的论文。

科学工作，在精细与有恒——这是吴有训写给学生的一句话，而这位老科学家一生也秉持着这种态度，为中国物理学乃至世界物理学的发展做出了卓越贡献。

参考文献

1. 林家治著 . 吴有训 [M]. 石家庄：河北教育出版社，2000.
2. 聂冷著 . 吴有训传 [M]. 北京：中国青年出版社，1998.
3. 刘裕黑，吴勇著 . 一代宗师吴有训 [M]. 南昌：江西高校出版社，2012.
4. 刘志强，石志浩 . 吴有训：我有责任使科学在中国生根 [J]. 中国教师，2011（10）：14-18.
5. 中国科学技术大学档案文博院 . 吴有训："实开我国物理学研究之先河".2024.

竺可桢 气象、地理
学家 一八九〇一一九七四
J.149.(4-2)

中国
人民邮政 10分
1988

竺可桢

1890.3
—
1974.2

笃行"求是"精神的"气象学之父"

气象学家、地理学家、教育家

中国近代地理学和气象学的奠基人

浙江大学前校长

曾任中国科学院副院长，全国科协副主席

在气候变迁、物候学、农业气候、自然区划和科学史等

方面有杰出贡献

> "排万难冒百死以求真知。"
>
> ——竺可桢

　　许多人都知道，天气温度用摄氏度来衡量，气压单位则是毫巴。这些在中国气象学中应用至今的"度量衡"，正是由竺可桢引入并统一共识。

　　这位中国"气象学之父"、中国物候学的创始人，还曾担任浙江大学校长，坚持在抗战烽火中流亡办学，使浙大崛起为世界著名大学。纵观竺可桢的一生，他是我国地理学、气象学界的一代宗师，也是我国近代科学家、教育家的一面旗帜。

心始终与祖国联系在一起

1890 年，竺可桢出生于浙江绍兴东关镇一个粮商之家。1909 年时，19 岁的竺可桢考入唐山路矿学堂（如今的西南交通大学），学习土木工程专业。由于在校期间学习成绩优异，次年，他又考取"庚子赔款"赴美国留学公费生。

竺可桢深知中国是农业大国，他希望把中国的农业搞上去。到了美国，面对众多专业，他选择了伊利诺伊大学农学专业。

美国地广人稀，实行大农业经济，竺可桢经过实地考察，发现这里的气候及种植的水稻、甘蔗等作物与中国南方很接近。他希望通过努力学习，以后能为国家提出整治河山、发展农业、开发利用自然资源的有益设想。

怀抱坚定信念，竺可桢如饥似渴地学习国外先进的科学知识，并积极参与实践活动，以增长见识。同时，竺可桢也十分关心国内的政治和民主进程，虽然人在大洋彼岸，他的心始终与祖国牢牢联系在一起。

1913 年夏天，竺可桢已经在伊利诺伊大学学习满三年，获得了学士学位，但经过三年的学习，他发现我国农业和美国农业之间存在着很大差距，在美国学习的农学知识对我国并不适用。因此他及时调整，开始学习与农业密切相关的气象学专业，最终以优异成绩考进了哈佛大学研究院地学系。

竺可桢（前左一）和一些科学工作者在腾格里沙漠东南部包兰铁路通过的地段进行防沙治沙考察。（新华社记者王新著摄）

竺可桢在阅读文献。（新华社记者顾德华摄）

经过刻苦努力，竺可桢于 1918 年顺利获得哈佛大学气象学博士学位。

为中国现代气象事业立下基石

科学界称，南京北极阁是中国气象人才的摇篮。北极阁观象台，正是竺可桢为中国现代气象事业立下的第一块基石。

在哈佛大学获得博士学位后，竺可桢满怀一腔报国热情火速回国。他本想学以致用，回国后从事气象工作，但当时的中国，气象研究基本一片空白。美国已经有测候所 200 多座，中国却只有上海和香港两座，还是由外国人建立并控制。国内唯一自己管理的气象机构——中央观象台，受经费等因素困扰，步履维艰。现在我们看来很平常的每日天气预报，当时只能由外国人发布。

竺可桢比谁都清楚气象学的重要性，对于如此情状，十分痛心。在建立起属于我们国家自己的气象研究所之前，他只能选择到武昌高等师范学校教授地理学和气象学，希望把自己多年所学，毫无保留地传授给学生，为中国培养一批专业人才。

1927 年，中央研究院成立，蔡元培任院长，邀请竺可桢筹建中央研究院气象研究所并担任所长。这一天，竺可桢等了 9 年，他马上行动，并把研究所定在南京城中的北极阁。

元、明两代都曾在此处设立观象台。为了把这里建成现代气象研究基地，竺可桢带领着几十个同事种树、建楼、修路，甚至连接自来水也亲力亲为。尽管中央研究院及所属各研究所的常年经费十分有限还常有拖欠，竺可桢仍然尽全力添置现代气象仪器设备和图书刊物。在他的带动下，南京北极阁逐渐集中了一批当时中国的科研机构和人才。

建立完北极阁，竺可桢又开始构建全国气象网。他辞去中央大学地学系主任的职务，几乎踏遍了整个中国，把所有精力都放到气象学研究和发展我国气象台站的事业上。

1930 年元旦，气象研究所正式绘制东亚天气图，并发布天气预报和台风预报。中国领土和海域天气预报受制于外国人发布的历史，终于结束了。

将浙江大学带到前沿

成绩斐然的竺可桢，本要在气象学研究的道路上继续他的理想和事业，但 1936 年临危受命，出任浙江大学校长。

当时的浙大，只是一所地方性的二流大学。竺可桢深知一所高等学府之于国家、之于青年人的重要，他再三思索，决定担起这份责任。

第一次与师生见面时，竺可桢就立下誓愿，将以最大的诚意与专注的精神，来力谋浙江大学的进展。在日记中，他写道："但若于浙大有所补益，亦愿全力以赴。"

在对当年的大学教育和浙大的现状做了充分调查后，竺可桢将我国书院教育传统和西方先进科学融合起来，为重振学校改革教育、改革实践创造了良好的开端。这一干就是 13 年，竺可桢完全按照自己的承诺——"竭诚尽力，豁然大公"——努力着，实现了一个又一个改革与兴学的目标。

抗战爆发后，学校在战火中岌岌可危，竺可桢决定带领全校1000 多名师生走上"西迁"之路。初迁浙江於潜、建德，继迁江西吉安与泰和，三迁广西宜山，四迁贵州遵义湄潭。浙大长达2600 多公里的西迁路径与红军长征路径前半段基本吻合，这一壮举，被誉为"一支文军"的长征。

"为一校之长，不止要对学生负责，更要对国之教育负责。"在竺可桢的带领下，浙大搬到哪里，"图书馆"和"实验室"就用双肩挑到哪里。庙宇、祠堂做教室，自己开荒种菜，无论条件如何简陋，竺可桢从不耽搁第一时间开堂上课。

一篇篇高质量的论文在中国的山沟里完成，发表在《自然》等世界顶尖期刊上，浙江大学也因此声名鹊起，被英国科技史学家李约瑟称为是中国最好的四所大学之一。

面对艰难困苦，在 1938 年召开的校务会议上，竺可桢提出并倡议，确定"求是"为浙江大学校训。之后，竺可桢在历次演讲中反复强调，"求是"精神，就是一种"排万难冒百死以求真理"的精神。这一精神，一直贯穿浙江大学至今，也成为浙大人"以天下为己任，以真理为依归"崇高精神的高度概括。

如光烛照亮后人

新中国成立之初，国家百废待兴，竺可桢在中国科学院担任副院长，分管生物和地学领域。

任职不久，竺可桢便开始考虑如何尽快建立新中国专业科学史研究机构。他认为，我国古代自然科学史的研究不仅体现了爱国主义的现实意义，还有助于挖掘出我国古代自然记录及重大发现对现代科技的价值和对世界科学、文化史的贡献。

经过竺可桢的不懈努力，1954 年，中国科学院决定设立中国自然科学史研究委员会。同年 9 月，中国自然科学史委员会在北京成立。一批科学史家陆续调入北京，从事专业科学史研究工作。

1955 年，竺可桢当选为第一批中国科学院学部委员，兼任生物地学部主任。作为中国科学院的奠基人和卓越领导者之一，竺可桢参与领导国家科学事业，适时地把科学史研究纳入国家的十二年远景规划，对中国科学院的建设乃至我国科技事业的发展做出了

求是精神　竺可桢题

浙江大学档案馆藏

竺可桢和浙江大学的"求是"精神。（资料照片）

竺可桢铜像，坐落在浙江大学玉泉校区。

卓越贡献。

从 1936 年 1 月 1 日起到 1974 年 2 月 6 日竺可桢逝世前一天止，竺可桢的气象日记无一日间断，共计 800 万字。2012 年，《竺可桢全集》共 24 卷整理并出版，详尽记录了他一生的学习和工作心得。

如光烛照亮后人！竺可桢在气象学与气象事业、地理学与自然资源考察、科学史、科学普及、科学教育、科研管理和诸多科学文化领域所做出的杰出贡献，影响了一代又一代的中华儿女。

参考文献

1. 张柏春. 自然科学史研究所之回顾与前瞻 [J]. 科学新闻，2017（11）：7-11.

2. 杨达寿著. 竺可桢 [M]. 杭州：浙江科学技术出版社，2009.

3. 郑春萍编著. 竺可桢 [M]. 北京：中国国际广播出版社，1998.

4. 吴雅兰. 竺可桢：求是精神永放光芒 [J]. 北京教育（高教），2018（01）：93-96.

5. 郭娟. 竺可桢 流亡途中成就一流浙大 [J]. 艺术品鉴，2021（16）：48-49.

中国人民邮政
农业科学家丁颖
一八八八——一九六四

30分

J.173.(4-4)   1990

丁颖

1888.11
—
1964.10

当为每个人的温饱尽责尽力

农业科学家、教育家，中国现代稻作科学主要奠基人

农业高等教育先驱，曾任中国农业科学院研究员、院长

1955 年被选聘为中国科学院学部委员（院士）

曾被周恩来总理誉为"中国人民优秀的农业科学家"

> "真诚的科学工作者，就是真诚的劳动者。"
>
> ——丁颖

水稻，是人类重要的粮食作物之一。

提及水稻，我们首先想到的是我国杂交水稻之父——袁隆平，但除了袁隆平，我国还有很多默默奉献在水稻科学领域的专家。这里介绍的，便是我国现代水稻科学奠基人、人称"稻作科学之父"的丁颖。

"许多书我是在牛背上读的"

1888 年，丁颖出生于广州高州的一个普通农家，是这个家庭中第 12 个孩子。父亲起早贪黑，辛勤劳动，全家人勒紧腰带，省吃俭用，置下了 10 余亩薄地。可是，就在丁颖 7 岁那年，一场飞来横祸，使这个小康农家悲惨地破产了。

那一年，遇到百天大旱，稻田龟裂，禾苗枯黄。为了求得神灵保佑，丁颖的父亲斋戒沐浴，率领全家人虔诚长跪三天。头上炎炎烈日、如烧似烤，地上暑气熏蒸、土热烫人。全家人为此晒脱一层皮，几乎大病一场。

幼时的丁颖从父亲的脸色知道了粮食在农家的地位。这件事在他思想深处打上无法磨灭的烙印，真是："一粥一饭，当思来之不易；半丝半缕，恒念物力维艰。"

丁颖成了丁家第一个读书人，背负着家庭的希望。他勤恳好学，喜欢琢磨问题，上学路上或劳动的时候，常常对水稻的抽穗、扬花感兴趣，由此萌发了研究水稻的初衷。他时常苦苦思索："民以食为天"，食是生存的第一需要，怎样才能多收一些粮食呢？

年纪小小的丁颖养成了一边放牛一边读书的习惯。有一次丁颖在牛背上读书，完全没有察觉到，身下的牛将别人家的稻子吃了一大片，为此，父亲向人家赔了许多不是。但丁颖并没有改变这个习惯，而是将牛绳接得长长的，拴在石头上，自己认真看书。回忆起这段时光，丁颖曾说："许多书我是在牛背上读的。"

"我是专来学水稻的"

高中毕业后，丁颖选择了农科。作为贫农之子，丁颖对农民的疾苦有着切身体会，即便明知农科学习艰苦异常，他也没有半点退缩。

1912年，他从广东高等师范学校毕业，在辛亥革命的留学大潮中，为了实现"科学救国"的理想，丁颖决意留学日本。几经波折，二度赴日，丁颖考入东京帝国大学农学部，成为该学部唯一研究水稻专业的中国留学生。

有人讥讽说："上粪种地，愚不可及，还用留洋？"好心的朋友劝他说："丁君，农业又苦又累，有何出路？要受一辈子穷的，改学别的吧！"他笑笑回答："我是专来学水稻的。要不然，我就不会二次来日本了。"

在日本留学的时间里，每每想起当时的祖国赤地千里，人民衣衫褴褛、啼饥号寒，丁颖便将自己深深埋进书堆，钻进实验室，苦学潜修，不浪费任何时间，渴望早日学成归国。

1924年4月，丁颖以优异的成绩从日本东京帝国大学农学部毕业，从此开始了从事水稻科学研究和农业教育的漫长历程。

为水稻起源于中国正名

归国后，丁颖在广东公立农专任教。他给自己约法三章：不涉足官场；不积累财产；只当一名教员。

在当时的旧中国，很多农民宁愿相信老天爷，向神灵祈祷，也不愿意相信现代农科知识。丁颖通过翻阅农书古籍、开辟试验田等方式，编书讲义，教育学生，撰写论文，钻研稻作科学。

他首先遇到的，是如何编写出适合我国国情的水稻栽培学讲义问题。当时，国内连一点现成的试验研究资料都没有，他又不甘于照抄外国的资料，于是就认真从我国古农书中搜集有关品种栽培的经验记载，同时面向生产、面向群众，到乡下去向农民请教，了解农民的生产经验和生产上存在的问题。

他认为："传统农法中积累了许多优越经验和蕴藏着许多科学道理。"有一次编写讲义，对于铲秧和拔秧的比较生育问题，自己也不甚清楚，就去虚心向农民请教，并把农民的解释写进了讲义。

也是在这一时期，丁颖从古籍中发现若干证据，提出了中国水稻原产华南而并非印度的观点。在 20 多年的时间里，丁颖孜孜不倦地研究，发表了 20 余篇相关论文，成为第一个系统科学地论证中国水稻起源和演变的农学家。在他的扎实研究面前，国际上许多学者改变了观点。

在理论研究的同时，丁颖决心培养水稻良种加以推广。1926

年，丁颖在广州东郊犀牛尾的水塘里发现了一棵野生水稻，他把这棵野稻种子收获、播种、观察，并与农家品种"竹粘"杂交，在1933年育成"中山一号"，创下了世界上第一个把野生稻抵抗恶劣环境的基因转移到栽培稻的成功先例。"中山一号"抗逆性强、适应性广，被推行育种生产半个多世纪，为我国粮食增产做出了巨大贡献。

到抗日战争爆发前，丁颖已经培育出近百个新品种，为解决中国几亿人民的吃饭问题，尽了一个科学家最大的责任。

"以坚决的意志，负起我们学农人所必须负起的责任"

抗日战争中，丁颖的工作环境和条件更加恶劣。1939年农学院从广东搬到云南，后来辗转于云贵川一带。这些地方山多、偏僻，有同事描述，简直像回到了原始大自然中。

凭自己的毅力，丁颖办起了西南作物繁育场，兼任场长。尽管这个试验场里什么设备也没有，他仍然坚持对水稻的抗干旱、肥料、良种和灌溉等进行全面考察。

不少学生失去了学习的信心，丁颖教育他们说："蚂蚁虽小，但是它们不畏艰难，忍辱负重，千百年过后，能搬掉一座山。中国的农业，需要我们有这种精神，一点一点奋斗，总会见成效的！"

条件艰苦，试验经常没有保证，丁颖常用自己的微薄工资租地来种试验稻种，有时还得靠卖青苗来坚持试验。有人拉他当伪参议员，许以厚禄，丁颖断然回绝，宁愿借债度日。"以坚决的意志，负起我们学农人所必须负起的责任"——他以此自励，也反复勉励同事。

从 1949 年到他 1964 年病故的十五年中，尤其是 1958 年担任中国农业科学院院长之后，丁颖不再囿于华南一隅，而是以全国九百六十万平方公里土地为广阔的试验基地。他一方面继续对水稻的栽培进行全面研究和总结，试验和推广双季稻，一方面致力于水稻向北方扩种。

在以他为首的农学家们多年努力下，中国的稻作学科体系逐渐建立。丁颖作为现代水稻科学的重要奠基人、中国稻作学之父，在 1955 年，被选聘为中国科学院学部委员。

荣誉和称号没让丁颖有半分懈怠，他仍自己下田，用脚感受土质。北至漠河，西至伊犁，南至海南，丁颖的一生是用脚丈量祖国土地的一生。

1961 年，丁颖主编的《中国水稻栽培学》问世，全书 77 万字，是我国水稻栽培理论和实践的总结，也实现了他几十年的夙愿。

同年起，丁颖主持进行了一项举国瞩目的庞大试验 —— 中国水稻品种对光照和温度反应特性的研究。他组织了全国 12 个科研机

丁颖（左）在宁夏引黄灌区考察水稻。（资料照片，1963年8月摄）

丁颖资料照片。

构，投入这项试验。1963 年，75 岁的他仍亲自带队，考察西北稻区，直到被查出患有肝癌，才"被迫"带着一大箱子资料离开一线。

1964 年 10 月 4 日，丁颖与世长辞，终年 76 岁。"学农、爱农、务农"，是丁颖的座右铭，他也在为中国稻作农业的奔走中鞠躬尽瘁，践行了一生所愿。

参考文献

1. 庄秋兴编著 . 谷魂——稻作学家丁颖 [M]. 北京：科学普及出版社，1989.

2. 李振玉 . 丁颖小传 [J]. 农业考古，1982（01）：180-182.

3. 霍青 . 记我国卓越的农学家丁颖同志 [J]. 中国科技史料，1982（02）：40-45.

中国人民邮政

化学工业科学家侯德榜
一八九〇——一九七四

NaCl
NH₃
CH₂

$NaCl+NH_3+CO_2+H_2O \longrightarrow NaHCO_3+NH_4Cl$
$2NaHCO_3 \xrightarrow{\triangle} Na_2CO_3+CO_2+H_2O$

20分

J.173.(4-3)   1990

侯德榜

1890.8
—
1974.8

托起中国现代化学工业的巨人

化学工业科学家，制碱工业权威

侯氏制碱法的创始人

我国化学工业的奠基人之一

1955年被选聘为中国科学院学部委员（院士）

> "我是马命，马是站着死的，只要一息尚存就要工作。"
>
> ——侯德榜

如今，纯碱是一种稀松平常之物，但在百年前的中国，纯碱全靠进口，价格高昂，让人望而却步，以此为基础原料的现代化学工业更是举步维艰。

有一个人改变了这样的局面。他抱着科学救国的愿望，探索制碱工程的秘境，开创以自己姓氏命名的独特制碱路径，让纯碱走进寻常百姓家。他积极投身实业，主持建成亚洲第一座纯碱厂，领导建成中国第一座兼产合成氨、硝酸、硫酸和硫酸铵的联合企业，为振兴中国化学工业奋斗了一生。

他就是侯德榜。

打开制碱工程的秘境

1890 年 8 月 9 日，侯德榜生于福建省闽侯县一个普通农家。幼时家境贫寒，家中农活较多，侯德榜常常将书本随身携带，劳动空余之时，就拿出来读一读。

1911 年，侯德榜考入清华留美预备学堂，并以 10 门功课满分，总分 1000 分的优异成绩誉满清华园。1913 年，清华学堂公布第一批高等毕业生名单，16 人赴美留学，侯德榜榜上有名，被保送到美国麻省理工学院学习化工科。

在美国的学习中，侯德榜认识到，化学存在于人们的衣食住行中，是一门社会迫切需求的实用学科。1917 年，他获得美国麻省理工学院学士学位，次年进入哥伦比亚大学研究院研究制革，并于 1919 年获硕士学位、1921 年获博士学位。

怀着无比的期待和誓必要用所学报答祖国的满腔热忱，侯德榜离美回国，加入永利制碱公司，承担起续建碱厂的技术重任。

当时国际上制碱技术最先进的是索尔维制碱法。此法直接用食盐、氨、石灰石作为原料，故又被称为氨碱法。但由于制碱技术被外国公司严密垄断，无论是生活用碱还是工业用碱，价格都很高。碱作为重要的化工原料之一，是各行各业的必需品，独立制碱迫在眉睫，钻研出索尔维制碱法也是刻不容缓。

永利制碱公司重金买到一份索尔维制碱法的简略资料，侯德榜如获至宝，埋头钻研这份简略的资料。他脱下西服皮鞋，换上了蓝布工作服和胶鞋，寝食于工厂，身先士卒同工人们一起操作。哪里出现问题，他就出现在哪里，经常干得浑身汗臭，衣服中散发出酸味、氨味。

一年多的试车过程中，侯德榜与助手们排除了数百次大大小小的临时故障，经历了数百次的修改和调试，渐渐摸索到了索尔维制碱法的路子。

1926年，永利碱厂终于成功生产出了优质纯碱。这年8月，美国费城举行的万国博览会上，一袋雪白的纯碱出现在中国产品的展览区，并获得"中国工业进步的象征"评语，荣膺大会金质奖章。

侯德榜并不止步于此，他主张将索尔维制碱法的奥秘公布于众。他决意撰写一部全面阐述制碱技术、工艺、设备的著作，为世界科技文献的宝库贡献力量。但写一本前无古人的著作谈何容易！既然已经下定决心，任何困难也挡不住。侯德榜的书桌上堆满了笔记本、记录报表、图纸、手册和几本薄薄的专业著作。

经过一年多的辛苦撰写，这本名为《Manufacture of Soda（纯碱制造）》的专著于1933年以英文出版。书中系统介绍了索尔维法制碱的理论和化学反应、操作参数、生产控制、设备结构、设备布置以及技术经济方面的要求。侯德榜把自己十年来用心血换来的经验，毫无保留地倾注在这本书里。

侯氏制碱法树起丰碑

正当侯德榜要用科技和实业报效国家之际，1937年，日本帝国主义发动了全面侵华战争。侵略者铁蹄长驱直入，不断向侯德榜和他所在的工厂施加压力，企图迫使侯德榜合作。

侯德榜发出坚定誓言："宁肯给工厂开追悼会，也决不与侵略者合作！"

为了不使工厂遭受破坏，侯德榜把工厂迁到四川。但四川的条件不适于沿用氨碱法，侯德榜特决定另辟新路。

要创制制碱的新途径，就必须从实验室的工作入手。西南多山，交通不便利，实验所需的碳酸氢铵、铵等原料在四川极难找到，战时又不易运进。侯德榜决定将试验场地移到香港，自己则远程"遥控"。

试验1次不成功，就来10次、100次……一直进行了500多次试验，分析了2000多个样品，侯德榜的设想终于变成现实。新的方法，使盐的利用率从原来70%一下子提高到96%，优越性大大超过了索尔维制碱法。侯德榜开创了世界制碱工业的新篇章！

侯氏制碱法的研究虽肇始于原有的察安法，但在研究过程中历经三次关键性的改革，由量变引起质的飞跃，最终把纯碱工业技术推向一个新的高峰。这是在国难深重之时，侯德榜和同事们为祖国做出的又一项重大贡献。

为了表彰侯德榜在开拓新法制碱上的功绩，1943年，中国化学工程师学会一致同意将这一新的联合制碱法命名为"侯氏联合制碱法"，又称侯氏制碱法。侯氏制碱法的成功，不仅为中华民族在国际学术界争得了光荣，更在世界制碱技术史上树起一块丰碑。

让中国的化学工业腾飞起来

硫酸、硝酸、氨等是近代化肥的主要原料，对于中国这个农业大国而言，重要性不言而喻。在第一次攻克制碱的难关后，侯德榜把目标放在了制酸业上。

为此，侯德榜赴美国进行周密的考察研究。回国后，他以身作则，白天在施工现场解决问题，指挥安装，晚间审阅图纸，制订计划，处理公事函件，每天都要忙到深夜才能休息。

1937年，新年的钟声刚刚响过，硫酸厂、氨厂、硝酸厂、硫酸铵厂，各个分厂分别向总厂报告验收完毕，各项开工前的准备工作都已完毕，我国的第一座规模宏大、设备先进的化工厂即将正式投入生产。1月31日晚，合成氨厂生产出了氨，成分为99.9%；2月5日，硫酸铵也被生产出来……

第一次试车完美成功，充分说明了中国工程技术人员可以驾驭这一技术复杂的联合厂。侯德榜高兴极了：有了酸、碱两只翅膀，

1956 年 4 月，中国文化代表团到达罗马，前排右第一人是代表团团长侯德榜。新华社发

1959 年 10 月，侯德榜在大会上发言。
新华社记者刘庆瑞摄

中国的化学工业可以腾飞起来了！

抗战胜利后，侯德榜迅速投身到我国化学工业的复建中。原有的硝酸厂设备全被侵略者拆盗到日本，侯德榜赴日找到盟军总司令部，并与远东经济委员会几度据理力争，经过多次交涉，拿回整套设备。

新中国成立后，侯德榜又带队来到上海，与技术人员一道，成功研制出碳化法氮肥生产新流程。在这一技术的支持下，一座座小氮肥厂为我国农业生产做出了不可磨灭的贡献。

1958年，侯德榜出任化工部副部长。但他仍不忘科学研究，每年大半时间四处奔波，做现场调查。在掌握科学知识方面，他追踪化工科学的前沿。年逾古稀时，他还在像学生似的广寻新知。

侯德榜曾言：我是马命，马是站着死的，只要一息尚存就要工作。这句话也是他一生的写照。1972年以后，侯德榜日渐病重，行动不便，可他仍多次要求下厂视察，帮助解决技术问题，还多次邀请科技人员到家中开会。

1973年11月，侯德榜用病得颤抖的手给周总理写信："德榜年迈，体弱多病，恐亦不久于人世。一生蒙党和国家栽培，至今无以为报，拟于百岁之后，将家中所存国内较少有的参考书籍贡献给国家。请总理指定届时移存北京图书馆或中国科学院图书馆……"

1974年8月26日，侯德榜在北京病逝，终年84岁。他的一生鞠躬尽瘁，为祖国发展建设的蓝图贡献出了浓墨重彩的一笔。他犹如一块坚硬的基石，与众多科学家一起托起了中国现代化学工业的大厦！

参考文献

1. 李祉川，陈歆文著 . 侯德榜 [M]. 天津：南开大学出版社，1986.

2. 居新宇编著 . 侯德榜 [M]. 北京：中国国际广播出版社，1998.

3. 毕元辉编著 . 中国近现代民族化学工业的拓荒者 侯德榜的故事 [M]. 广州：广东教育出版社，2004.

4. 管成学，赵骥民主编；毕元辉编著 . 中国近代民族化学工业的拓荒者 侯德榜的故事 [M]. 长春：吉林科学技术出版社，2012.

1990 年 8 月，北京科学界 600 多人举行侯德榜诞辰 100 周年纪念大会。新华社记者吕淑梅摄

1990 年 8 月，侯德榜的塑像在南京化学工业公司落成。新华社记者高梅及摄

一九〇一——一九八三

医学科学家林巧稚

中国人民邮政

8分

J.173.(4-1)

1990

林巧稚

1901.12
—
1983.4

"一生未婚，却有5万多个孩子"

医学家、医学教育家

我国妇产科学的主要开拓者、奠基人

1955年被选聘为中国科学院学部委员（院士）

先后任北京妇产医院院长、中国医学科学院副院长

> "我随时随地都是值班医生，无论是什么时候，无论在什么地方，救治危重的孕妇，都是我的职责。"
>
> —— 林巧稚

在厦门鼓浪屿这座小岛上，除了日光岩、皓月园这样有名的景点，还有一个或许不起眼的纪念堂——毓园，这里是为了纪念我国妇产科学的主要开拓者、奠基人林巧稚。

她一生未婚，却亲手接生了5万名婴儿，这个不曾做过母亲的伟大女性被人们尊称为"万婴之母"。她是中国科学院第一位女学部委员，也是北京协和医院第一位中国籍妇产科主任。她编写的《家庭卫生顾问》和《家庭育儿百科全书》是我国当时大部分母亲的必读书。

毓园里记载着林巧稚的墓志铭："只要我一息尚存，我存在的场所便是病房，存在的价值便是医治病人。"回顾林巧稚的一生，她始终践行着这句话。

立下鸿鹄之志

1901 年 12 月 23 日，厦门鼓浪屿，林家诞生了一个小女娃。"巧稚"寓意着灵巧而天真，正如她的名字一样，林巧稚拥有着灵巧的手和天真的心。

林巧稚 5 岁那年，里外忙碌操劳的母亲因宫颈癌去世。家中经济拮据，日子过得很是艰难，但深受家人疼爱的林巧稚仍按时上了学——家中众多的兄弟姊妹中也只有她一人上了学。懂事的林巧稚明白，自己只有努力上进，才能对得起亲人们的一片爱心。

林巧稚的童年，正是中国备受欺凌的年代。她的家乡在东南沿海，常能看到外国人高人一等的样子。她的家乡，又是郑成功、戚继光抗击过外敌的地方，在林巧稚幼小的心灵里，不甘屈辱的强烈自尊感与她的年龄悄悄地同时生长。

从鼓浪屿女子高中毕业后，林巧稚升入鼓浪屿高等女子师范学校。有次上手工编织课时老师夸奖她说："手很灵啊，当个大夫挺合适。"这句话对林巧稚触动很大，她下决心当个外科医生。

1921 年，林巧稚如愿进入北平协和医学院学习。协和医学院是当时美国教会办的一所医科学院，它既是医学院又是医院，学制

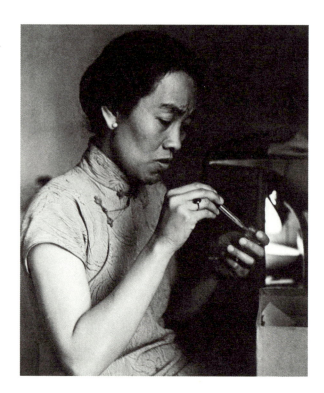

林巧稚在工作。（资料照片）

林巧稚资料照片。（新华社发）

长达八年，对学生要求特别严格。林巧稚在这里刻苦学习了八个春秋，1929 年以全班第一名的成绩毕业，获得医学博士学位的同时，留在协和医院工作。

从参加工作第一天起，林巧稚就决心将自己的一生奉献给自己所热爱的医学事业。过去的协和医院，妇女通常只能担任护理员和护士，林巧稚不仅成为了第一个女医生，更成为了第一个女主任。

她选择专攻妇产科，部分原因是自己的母亲死于宫颈癌，更重要的是，在当时的中国，妇产科相关疾病占妇女发病率的 2/3，产妇死亡率高达 1.76%，新生儿死亡率更高。林巧稚立志要为中国的产妇做一些事情。

彰显医者仁心

当时协和医院等级严格，毕业生留校后，经过三至五年住院医师的磨炼，才有一人能脱颖而出，成为总住院医师。

必须不停地进步！林巧稚暗下决心，一定要自立自强，让所有人知道女性并不是天生的弱者。在妇产科，她彻夜不眠地守候在孕妇身边，细心关注孕妇的身体状况。别人做手术时，她在一旁观摩，把琢磨到的东西记录下来，反复对照。

由于表现出色，林巧稚被派往欧美考察深造。她参观了剑桥大学、纽汉姆大学，并参观了蔡尔斯妇科医院、伦敦妇幼医院和伦敦妇婴医院等医院和科研机构。她在马里兰医学院的妇产科进修实习了两个月，最后在英国皇家医学院妇产科学习，在导师的实验室内进行小儿官内呼吸课题的研究。实验室工作之外的所有时间，她都用在了去图书馆学习上。

林巧稚的医学造诣日益深厚。1942年，她在北京东堂子胡同开办了林巧稚诊疗所，同时，受中和医院（前身为中央医院，现为北大人民医院）的邀请出任该院妇产科主任。1946年，又受聘兼任北大医学院妇产科系主任。一个医学院，一个医院，一个诊所，她轮番出诊。当时的北平，社会上层人物的妻女、外国驻华机构的夫人小姐，有病都求治于林巧稚。

对于林巧稚而言，无论病人贫富贵贱，她都认真对待，不仅在医治中替病人着想，医治后也给人以安慰。每一份病例，她都书写得清晰完整。精湛的医术、良好的医德，使林巧稚"活菩萨"的声誉传遍全城。北平一度有不少婴孩被起名为"爱林""念林""敬林""仰林"，这些名字背后，都是对林巧稚医生深深的感激之情。

1962 年，林巧稚（左一）等成功抢救一名患新生儿溶血病的孩子。

一片丹心在医学

新中国成立后，林巧稚有了更广阔的天地去施展自己的才华。

1956 年，北京市决定建一座妇产专科医院，彭真市长就建院地点等问题亲自征求林巧稚的意见。林巧稚和筹建负责人一起实地踏勘选址，还为医院建设提出了一整套具体想法。北京妇产医院于 1959 年竣工落成，林巧稚被聘为名誉院长。

为了改善中国妇女的医疗环境，1958 年，林巧稚组织医护力量对北京 80 万妇女进行妇科普查，尤其以宫颈癌作为普查重点。在林巧稚的带动下，上海、广州等大城市也相继进行了类似的普查，孕妇开始受到医疗监护，妇女孕育期也开始享有产假。

林巧稚不仅是一位一生从事临床工作的医学家，也是一位优秀的老师。在学生们的记忆中，她的课既有讲故事又在做示范，学生听完可以十分清晰地记住胎儿可能存在的各种胎位、可能会出现的危险。她的教学方式，八年制的大学生觉得受益匪浅，而没有受过专业医疗教育的农民助产士也不觉得深奥难懂。她用辛勤的工作，短时间内为新中国填补了妇产科学教材的空白，她用尽毕生心血，筑成了妇产科的桃李之林。经过林巧稚训练的人遍及全国，在各个地方为中国的妇产医学做着贡献。

到了晚年，林巧稚深感妇科肿瘤已成为妇女健康的主要大敌，她不顾身患重病，带着学生用四年多的时间，分析总结了协和医院妇产科自新中国成立以来的 3900 余份病例，参阅近千篇文献，完成了《妇科肿瘤》一书的初稿。为了将毕生经验用得其所，林巧稚忍着病痛，一章一节审查，推敲每一句话，不放过一个不确切的诊断。她主编的这本巨作，是献给中国乃至世界妇产科学界的一片丹心。

1983 年 4 月 22 日，为病人和工作付出了一生的林巧稚病逝于北京，享年 82 岁。逝世前，林巧稚留下了遗嘱：平生积蓄的 4 万元捐献给首都医院幼儿园、托儿所；遗体献给医院做医学研究；骨灰撒在故乡鼓浪屿周围的海面上。

林巧稚的一生，是博爱、慈悲、光明磊落的，为了全力以赴投入医学事业，她把医院和病房当作自己的家，为无数家庭带来新生的希望。她的名字就像一座丰碑，永远矗立在中国人民的心中。

参考文献

1. 柯继铭编著 . 中国名人全传（第 4 册）[M]. 长春：吉林出版集团有限责任公司，2013.
2. 中国科学技术协会编 . 中国科学技术专家传略 · 医学编 · 临床医学卷 1[M]. 北京：人民卫生出版社，2000.
3. 丁万斌著 . 林巧稚 [M]. 石家庄：河北教育出版社，2001.
4. 吴崇其著 . 林巧稚 [M]. 福州：福建科学技术出版社，1997.

张钰哲

1902.2
—
1986.7

永不熄灭的"中国星"

天文学家,"中华"小行星的发现者

中国近代天文学的奠基人之一

长期致力于小行星和彗星的观测和轨道计算工作

1955 年被选聘为中国科学院学部委员(院士)

> "从事科学工作的人如果一心只想倡惊奇论调，欺世盗名，而不甘潜心于真理之追求，为知识而舍身，在学术上恐怕永不能有何贡献。"
>
> ——张钰哲

他是第一个发现新小行星的中国人，他发起并组织中国第一次运用现代科学方法的日食观测行动，他发表了中国第一篇论述人造卫星轨道的论文。

他是我国天文学事业的主要奠基人之一——张钰哲。

探索星空的第一步

1902 年 2 月 16 日，张钰哲出生于福建闽侯县城的一个普通职员家庭，两岁丧父，家境贫寒，在艰苦环境中成长的张钰哲自小就勤奋好学。

1910 年 5 月，明亮的哈雷彗星出现在天际，这种奇特的天象给 8 岁的张钰哲留下了极其深刻的印象。他的心中，埋下了研究天文的种子。

张钰哲是学校里品学兼优的学生，小学和中学的毕业考试均为全校第一。1919 年，他以优异的成绩考入清华学堂留美预备班，并于 1923 年远赴美国，先后就读于普渡大学机械工程系和康奈尔大学建筑系。

但这些专业，似乎都不是他想要为之奋斗一生的目标。偶然间读到的一本天文科普读物，仿佛为张钰哲打开了一扇新的窗户，童年心中埋下的种子，抑制不住开始生长……经过一番思考，1925 年，张钰哲转学到芝加哥大学天文系，开始了将为之奋斗终生的仰望星空之路。

凭借刻苦钻研，张钰哲 1926 年以优异成绩毕业，留在了芝加哥大学的叶凯士天文台，继续攻读硕士、博士学位。叶凯士天文台有着当时世界上最大的折射望远镜，张钰哲在这里用"中星仪"进行纬度研究，并从事小行星、彗星的观测研究与双星的研究工作。他不断探索天际，试图在茫茫宇宙中寻找一颗还没有被人类发现的行星。

1928 年，一次日常观测时，一颗行星一闪而过，张钰哲激动万分，在确定了这颗行星的坐标后，他立马去翻看各种文献笔记，最终确定了这是一颗从未被发现的行星。

为了再次捕捉它的踪迹，张钰哲连续跟踪了9个夜晚，他废寝忘食，用望远镜紧紧盯着星空。终于，一抹熟悉的亮光再次出现在他的眼前，张钰哲立马按下了快门键，将这颗行星的样子留在了相机底片上。

按照国际惯例，发现者可以为自己的"猎物"命名，此时26岁的张钰哲心潮澎湃，虽身居异国他乡，但身上始终流淌着中华民族的血，他决定：将发现的第1125号小行星称为"中华"（China）。

中国人探索星空迈出了重要的一步！自1801年意大利天文学家首次发现小行星以来，各国陆续有新的小行星发现，然而中国人在这一领域始终无所建树。从张钰哲看到这颗小行星的一刻起，浩渺星河仿佛开始回应中国人的注视，黑色的宇宙背景上第一次正式烙上了中国印记。

第一次成功的日全食观测

1929年，张钰哲获得芝加哥大学天文系博士学位。此时的他，在天文、数学、物理方面都已具有相当深的根底。身在异邦，心怀祖国，张钰哲一心要为祖国的天文事业做出贡献。

张钰哲参观访问了美国洛克威尔天文台、立克天文台、威尔逊天文台和加拿大维多利亚天文台，同时搜集了许多天文教科书、天文仪器资料、天文照片，为回国效力做足了准备。

1929 年秋，张钰哲返回祖国，受聘于南京中央大学物理系教授，讲授天文学、天体物理学和天体力学等课程，同时被中央研究院天文研究所聘为通信研究员。

当时的中国，对天文学科的研究少之又少，还没有一所条件成熟的天文观测台，缺少与天文相关的工作人员、仪器设备。抗战爆发后，偌大的中国，甚至找不到一张安静的书桌，但就是在这样艰苦的环境中，张钰哲利用一些陈旧的仪器坚持工作。

1941 年 9 月，张钰哲率领中国日食西北观测队赴甘肃临洮，开展我国境内第一次日全食的科学观测。风餐露宿，历尽艰辛，观测队成功拍摄了我国境内第一张日全食照片和第一部日全食彩色影片，成功开展我国境内第一次日全食的科学观测。这次观测是在山河破碎的年代中，我国成功开展的第一次日全食观测，使用的不少器材都由张钰哲自己研制。次年，张钰哲在美国《大众天文学》期刊上发表了《在日本轰炸机阴影下的中国日食观测》，在介绍中国天文学家艰苦工作的同时，还向全世界控诉了日本帝国主义者的侵略罪行。

深耕小行星领域

1950 年 5 月，原中央研究院天文研究所改为中国科学院紫金山天文台，张钰哲被任命为台长。他更加全身心地投入到小行星和彗星的观测研究中。

30 多年来，张钰哲和他直接领导的行星研究室共拍摄到了 7000 多次小行星、彗星的精确位置，发现了 3 颗冠名为紫金山的新彗星和 1000 多颗小行星，其中有 24 颗新小行星经国内外多年观测，轨道可靠，得到国际小行星中心的正式编号和命名。

1957 年年初，在苏联发射第一颗人造地球卫星之前，张钰哲应用天体力学基础理论研究人造卫星轨道，发表了《人造卫星的轨道问题》的专题论文，探讨了地球的赤道隆起和高层大气阻力对人造卫星轨道的摄动影响，成为我国人造卫星运动理论的经典文献。

1958 年以后，张钰哲又从物理观测角度，开展了小行星的光电测光研究。他领导创建了紫金山天文台的光电测光观测工作。他用光电测光的方法，通过望远镜和附着在望远镜上的光电光度计，使星光变成电流，再将电流放大，这样，小行星亮度的任何微小的变化，就可以从电流计上测量出来。

20 世纪 60 年代初期，张钰哲领导开展了月球火箭轨道研究。他带领有关研究人员参加了我国第一颗人造卫星的轨道设计、方案论证工作，做出了很大的贡献。

参加日全食观测活动的时任紫金山天文台台长张钰哲（中）和香港业余天文学会观测团的青年在一起交谈。（新华社记者朱于湖摄，1980年3月12日发）

1980年2月，张钰哲在云南天文台用一米望远镜观测日全食。（新华社记者朱于湖摄）

张钰哲的资料照片。（1982年拍摄，新华社发）

1977 年，张钰哲对哈雷彗星轨道演变的趋势和它的古代历史进行了研究。我国有世界上最完整的哈雷彗星的历史记载，最早可以追溯到秦王嬴政七年（公元前 240 年），此后，它的每次回归，中国史书上全有记载。通过对中国历史上早期哈雷彗星记录进行分析考证，张钰哲认为，假若武王伐纣之年所出现的彗星为哈雷彗星，则是年为公元前 1057—前 1056 年。他的研究成果对于中国古代史中迄今仍未解决的年代学悬案提供了重要线索，同时也引起世界天文界的关注。

1980 年，年过八旬的张钰哲前往青海高原，登上海拔 4800 米的昆仑山口，为后来建立在格尔木的我国第一座毫米波射电望远镜观测台选址。在人生的最后两年中，张钰哲仍拖着病重的身体，远赴美国了解最新的天文学术进展，让我国天文事业进一步与世界接轨。

为表彰张钰哲对天文事业的贡献，国际天文学界将美国哈佛大学天文台 1976 年 10 月 23 日发现的一颗新星命名为"张钰哲星"。中国天文学的最高奖——张钰哲奖，以他的名字命名。经国际天文学联合会批准，月球背面一撞击坑也被命名为"张钰哲"。

1986 年 7 月 21 日，张钰哲逝世，享年 84 岁。应他生前心愿，他的骨灰被深埋在紫金山天文台内一个极不起眼的角落。一生为"星"，一世与"星"为伴，张钰哲的光辉犹如星光般柔和，指引着一代又一代的中国天文学人。

80多岁高龄紫金山天文台名誉台长张钰哲在自己的办公室里。（新华社记者方爱玲摄于1985年10月）

参考文献

1. 李元.张钰哲——中国天文科普事业的引路人[J].紫金山天文台台刊，2002（Z1）：12-16.

2. 纪念张钰哲院士——紫金山天文台（cas.cn）.

3. 许琼主编.二十世纪科技与教育成就大观（上）[M].北京：中国人事出版社，1998.

4. 周爱农主编.趣味天文科学故事[M].西安：西北工业大学出版社，2013.

5. 杜升云等主编.中国古代天文学的转轨与近代天文学[M].北京：中国科学技术出版社，2008.

6. 陈久金，张明昌著.中国天文大发现[M].济南：山东画报出版社，2008.

7 王樵裕编辑.中国当代科学家传（第1辑）[M].北京：知识出版社，1983.

大国丰碑
第三组

建筑学家—梁思成 一九〇一——一九七二

中国邮政 CHINA

1元

1992-19 (4-4)J

梁思成

1901.4
—
1972.1

一代建筑宗师

建筑历史学家、建筑教育家和建筑师

我国古建筑学科的开创者和奠基人

毕生致力于中国古代建筑的研究和保护

曾参与人民英雄纪念碑、中华人民共和国国徽等作品的设计

1955 年被选聘为中国科学院学部委员（院士）

> "建筑师的业是什么？直接地说是建筑物之创造，为社会解决衣食住三者中住的问题，间接地说，是文化的记录者，是历史之反照镜。"
>
> —— 梁思成

　　他是一代建筑宗师，创立了中国现代教育史上第一个建筑学系；他参与了人民英雄纪念碑、中华人民共和国国徽的设计工作，是中国建筑研究的开山鼻祖；他是梁思成，我国著名建筑历史学家、建筑教育家和建筑师，中国古建筑学科的开创者和奠基人。

立志研究中国建筑史

　　提到梁思成，便不得不提起他的父亲梁启超。梁启超是清末改革家，戊戌变法失败后，梁启超携全家出国，1901 年，梁思成出生在日本东京，但他对东京没有什么特别的记忆，他的记忆从迁到横滨时才开始，那时，梁启超担任《新民丛报》的主编，梁家就安置在报社的二楼，在横滨的日子里，梁思成经常与姐姐去小山上玩耍，在不高的山上，他和姐姐远远就能眺望到富士山，那种美丽的景致，在梁思成心中数十年之久也不曾淡忘。

1911年10月10日，辛亥革命结束了中国千年来的封建帝制，也结束了梁启超长达14年的异国逃亡生涯。梁思成随父母回国，1915年，以优异的成绩考入清华学堂，也是如今的清华大学，成为中国政府公派留美预科班的一名学子。

梁思成在回忆清华求学的感受时曾说：清华在生活上对我们管得很严，不论家里寄多少钱都需要记账。另一方面学校提倡各种社团活动，注意培养学生的民主精神，对于学生的全面发展有很多好处。

清华的八年培养了梁思成俭朴的生活作风，也培养了他高尚而广泛的兴趣和爱好，这让他今后不论是抗战时千里辗转还是贫困的生活都不曾消磨了斗志。

1923年，梁启超毕业于清华学校高等学科，并于1924年与林徽因赴美国费城宾夕法尼亚州大学建筑系学习。在宾夕法尼亚州大学学习时，梁启超给梁思成寄来的一本书《营造法式》，并在所附的信中评论道：一千年前有此杰作，可为吾族文化之光。这更坚定了梁思成研究中国建筑史的想法。

梁思成在古建筑考察途中。（资料照片）

随着研究的深入，一种强烈的民族情感开始在梁思成内心燃烧：

"在宾夕法尼亚州大学学习时，看到欧洲各国对本国的古建筑已有系统的整理和研究，并写出本国的建筑史，唯独中国，我们这个东方古国，却没有自己的建筑史……我在学习西方建筑史的过程中，逐步认识到建筑是民族文化的结晶，也是民族文化的象征。我国有着灿烂的民族文化，怎么能没有建筑史？！"

梁思成在宾夕法尼亚州大学就读的最后一年中，对意大利文艺复兴时代的建筑进行了广泛研究，追溯了整个文艺复兴时期建筑的发展道路，这种训练给他后来追溯中国建筑史的发展阶段打下了坚实的理论基础，并培养了他杰出的制图能力。

努力推进文化建筑保护

1927 年，梁思成获得了宾夕法尼亚州大学的学士和硕士学位。出于对建筑学的热爱，他又专门去哈佛大学学习了一段时间建筑史，研究中国古代建筑。

1928 年，梁思成回国，在沈阳东北大学创立了中国现代教育史上第一个建筑系。尽管外部环境动荡，梁思成依然满腔热忱地投入工作。但"九一八事变"发生，东北迅速沦陷，梁思成只得离开东北，于 1931 年在北京加入了专门研究中国古代建筑的学术机构 —— 中国营造学社。

梁思成开始系统地钻研中国建筑历史，他首先从年代较近的《清工部工程做法则例》着手。他拜北京老木匠和彩画匠为师，配合研究北平大量清代建筑，在 1932 年著成《清式营造则例》手稿。

当时，时局持续动荡，日寇侵吞东北三省之后，又威胁华北。面对民族危机，梁思成深知，纯粹的学术在战争中没有生存的空间，并且应该毫不犹豫地让位于为国服务。他曾说："在中国，这一代人中已无建筑学研究的余地。时代要求更带根本性的行动，面对这更大的问题，那训练一个人干别的事的教育应当毫不犹豫地抛弃掉。"但现在还不是和日本侵略者拼命的时候，战争还没有全面打响。在日寇的阴影下，梁思成加紧对古建筑的研究，他要赶在日本学者之前，由中国人自己书写中国的建筑史。

1937 年起，梁思成、林徽因和营造学社的同人决定到全国各地找寻古代建筑的实例。营造学社不仅调查了相当多野外的古建筑，而且努力推进文化建筑的保护工作，他们尽力宣传古建筑保护的意义，介绍外国古建筑保护的经验。

在交通不便、兵荒马乱的时代，他们冒着巨大风险，在十几年间，踏遍全国十五省、二百多个县，测绘和拍摄二千多件从唐、宋、辽、金、元、明、清各代保留下来的古建筑遗物。在此期间，梁思成夜以继日地研究记录，将这一路上的一些重大考察结果写成

梁思成正在进行研究教学工作。（资料照片）

文章在国外发表，引起国际上的重视。这也为他日后注释《营造法式》和编写《中国建筑史》，做了充分准备。

"七七事变"后，日本人邀请梁思成组建"中日友好协会"，被他果断拒绝。梁思成带着全家撤退到后方，先后在昆明和重庆李庄定居。在此期间，梁思成为我国培养了许多优秀的建筑师。

1944 年初春，第三届全国美展在重庆开幕，为了借此机会在"大后方"宣传中国古代建筑成就，梁思成尽管身体不好，仍与中国营造学社当时仅有的几位成员一道奋力赶图，完成了古代重要建筑遗存的 26 幅画，配以必要的文字说明和放大照片，最终这项专题展览取得极大的成功。

梁思成尽力抓住每一个宣传中国民族瑰宝的机会，他多么渴望更多的人来关注它们啊！

"建筑是全人类的共同财产"

从 1939 年到 1945 年，梁思成担任了四川省古物保存委员会委员和国立中央博物馆中国建筑石料编纂委员会主任，这让他可以为保护古建做更多的事情。

"二战"后期，盟军开始对日本占领区展开空袭。为了避免轰炸文物建筑，梁思成牵头编制了一份沦陷区的文物建筑表，包括寺庙、宝塔、博物馆等，并在军用地图上标出位置。为了配合盟军作战，全部资料都用中、英两种文字，附有照片，发给前往轰炸中国东部省份日军基地的美国飞行员。

一些美国飞行员接到命令要轰炸日本本土，梁思成又通过美国驻重庆办事处联络官，极力陈述保护京都、奈良古建筑的重要性，并提交了一份奈良古建筑的图纸。梁思成说："建筑是社会的缩影，民族的象征，但绝不是某一民族的，而是全人类的共同财产。如奈良唐招提寺，是全世界最早的木结构建筑，一旦炸毁，是无法补救的。"

美军接受了梁思成的建议，日本古都在战火荼毒中幸存。奈良被宣布为世界历史文化名城三十周年纪念日时，《朝日新闻》特刊一文——《日本古都恩人梁思成氏》，以纪念他对建筑的热爱和崇高的品质。

解放战争期间，梁思成赴美讲学，受聘耶鲁大学教授，并担任联合国大厦设计顾问建筑师，因他在中国古代建筑的研究上做出的杰出贡献，被美国普林斯顿大学授予名誉文学博士学位。

1947 年 8 月，梁思成返回北平，在母校清华大学创办了建筑系，并担任系主任直至 1972 年 1 月离世。他从事教学工作近 30 年，凭着先进的教育思想和满腔的热忱，培养了一批又一批的建筑人才。

特别值得记录的是，1948 年平津战役前，梁思成绘制了《全

时任清华大学建筑系主任梁思成在参加中国科学院访
苏代表团后，把访苏带回的礼物给学生们看的情形。
（新华社毛松友摄，1953 年 7 月发）

国文物建筑目录》，交给中国人民解放军，使北平古迹免受炮击，很好地保护了北京的文物和古城墙。新中国成立后，梁思成又提议并保留了北海团城……梁思成所考察发现的许多古建筑，如今都成为当地引为自豪的文化古迹。

1955 年，梁思成被选聘为中国科学院院士，他以对中国古代建筑历史与理论的深厚研究，成为这门学科的开创者和奠基人。1999 年，我国设立"梁思成建筑奖"，是授予中国建筑师的最高荣誉奖，用来表彰奖励在建筑设计创作中做出过重大贡献和成绩的杰出建筑师。

参考文献

1. 林洙著 . 梁思成 [M]. 石家庄：河北教育出版社，2001.

2. 窦忠如著 . 梁思成传 [M]. 天津：百花文艺出版社，2007.

3. 周玉林著 . 梁思成的山河岁月 [M]. 北京：东方出版社，2005.

4. 林与舟编著 . 非常人物系列 建筑宗师——梁思成 [M]. 长沙：湖南师范大学出版社，2011.

5. 后商 . 梁思成：人生与建筑 [J]. 北京纪事，2022（06）：97- 100.

汤飞凡

1897.7
—
1958.9

预防医学领域里的顽强战士

微生物学家、病毒学家

沙眼衣原体的发现人之一

长期从事微生物学、病毒学和免疫学的研究

曾任卫生部北京生物制品研究所所长

1957 年被增聘为中国科学院学部委员（院士）

> "我是最早到国外专攻微生物学的,祖国需要我,我有责任为祖国的科学事业做出贡献。"
>
> ——汤飞凡

从千百年前的黑死病、瘟疫,到近年突袭而至的"非典""新冠",各种疫情从未远离人类。科学防疫,是一代又一代医学科技工作者的光荣事业和使命。

薪火相传中,有一位先驱值得铭记。他的名字,与研制国产青霉素、消灭天花、极大降低沙眼发病率等我国预防医学史上的重大事件息息相关。他就是我国第一代病毒学家——汤飞凡。

要"使亿万人不得传染病"

1897 年 7 月，汤飞凡出生于湖南醴陵汤家坪一位家道中落的私塾先生家中。从小目睹父老乡亲被病痛折磨的他，心中有着悬壶济世的理想，年幼时即立志做一名医者。

在父亲好友的资助下，汤飞凡完成了基础学业，并于 1914 年考入湘雅医学专门学校。湘雅由湖南育群学会与美国耶鲁大学雅礼协会联合创建，教学全用英语，入学考试除考核医学基础知识外，还需加试英语。

汤飞凡此前从未接触过英语，但他向老师做出承诺，不管多难都会学好英语，因为学医是他从小的梦想。学校的老师被汤飞凡的决心所感动，决定破格录取他。为了尽快提高英文水平，汤飞凡每天苦背英文词典，一年翻破了一本英文词典，功夫不负有心人，他很快通过了英语考试。

在一众同学中，汤飞凡年龄最小，成绩却最出众。湘雅第一届招生 30 人，到 1921 年毕业时，只有 10 人顺利毕业，汤飞凡就是其中之一。凭借优异成绩，毕业后想找一份好的工作不是难事，毕业后，同学邀他开业行医，他却谢绝了："当一个医生一辈子能治好多少病人？如果发明一种预防方法，却可以使亿万人不得传染病。"

20 世纪初叶是世界微生物学发展的黄金时代，传染病的病原体被一个个发现，为亿万人找到解除疾病的治本之法。当时，国

汤飞凡资料照片。

汤飞凡资料照片。

际上顶尖的微生物学家有法国的巴斯德和德国的科赫。日本有位微生物学家北里柴三郎，被称为"东方的科赫"，汤飞凡暗下决心："中国为什么不能出一个'东方的巴斯德'呢？"

汤飞凡决定投身疫苗研发事业。他报名考进北京协和医学院细菌学系继续深造，师从美籍德裔教授田百禄。

洗瓶瓶罐罐，造培养基，一般进修生不屑于做，汤飞凡却干得非常认真，还常帮助做实验的人观察动物、作病理解剖、分析实验结果。3年学习，汤飞凡不仅学业精进，而且熟练掌握了各种实验技术。

1925年，汤飞凡获得前往美国进修的机会。4年的研学之旅，同样刻苦而充实。在哈佛大学，教授曾邀请他留下来工作，但汤飞凡决定回国。1929年，他返回祖国，担任中央大学医学院的老师，并牵头创建了细菌系。

"中国人一定要自己生产出青霉素"

当时的中国，积贫积弱，一个学者的研究生涯注定不会平静。

1937年，日本扩大侵华战争。汤飞凡对妻子说："研究出再好的东西，做了亡国奴，又有什么用！"他和妻子一起加入了淞沪会战前线医疗救护队。救护站多次险些被日军炮火击中，汤飞凡保持着镇定和风趣："我干这个最合适，我个子小，目标小，炮火打不中我。"

国土沦陷，战乱叠加天灾，导致瘟疫肆虐，汤飞凡受邀前往长沙主持防疫工作。

此时，国际上对青霉素的研制取得重大突破，数以万计的生命得以拯救。可是，这种当时被称为"盘尼西林"的救命药，国内数量奇少，价格奇贵，需要一根金条才有可能买到一盒。而且青霉素的具体生产工艺在当时国际上属于军事机密，虽然有不少这方面的论文发表，但对生产、提纯的方法守口如瓶。更重要的是，不同菌种青霉素的产量相差悬殊，高产株如稀世珍宝，外人根本无法拿到。

当时中央防疫处条件简陋，研制青霉素无疑是难上加难。英国杂志《自然》后来曾向世人介绍：防疫处仅有一台破陋的锅炉，却承担了几乎所有病毒试验的工作，包括透析、制造商品蛋白胨等。

条件虽然艰苦，但是挡不住一颗济世救民的心。"中国人一定要自己生产出青霉素！"汤飞凡下定决心，"哪怕只有万分之一的希望，我们也要尽全力而为之。"

1941年冬天，昆明防疫站开始了"寻霉热"，为了找到能产生青霉素的菌株，汤飞凡带领大家在鞋靴、旧衣、水果、钱币上寻找青霉做研究。千百次的尝试都以失败告终，汤飞凡依旧执着坚持，终有一天，一个同事从许久未穿的皮鞋上发现一团绿霉，汤飞凡如获至宝，马上拿到实验室，成功分离出一株能产生青霉素的菌株。

之后，又经过了成百上千次的试验，1942年，汤飞凡终于带领大家培育出了合格的青霉菌。1943 年 9 月，汤飞凡和研发团队自行研制生产出了青霉素，质量全部达标，实现了这个在许多人眼里是"天方夜谭"的目标。

为新中国控制传染病做出卓越贡献

1949 年，新中国成立。汤飞凡全身心投入到预防医学和疫苗研制工作中。

河北省北部一度鼠疫流行，需大规模接种鼠疫减毒活疫苗。进口疫苗一时不能满足需要，汤飞凡领导团队突击研制，仅用两个多月时间，赶制出鼠疫减毒活疫苗 900 余万毫升，有效遏制了冀北鼠疫疫情大规模扩散。

20 世纪 50 年代，沙眼病在中国肆虐，一直找不到合适的治疗办法。汤飞凡承担起疫苗研制的工作。为了得到一手资料，他甚至将沙眼病毒滴入自己的眼中，等着病毒严重发作，再顶着红肿的眼睛，坚持进行研究。40 多天后，汤飞凡终于破获了沙眼病毒的秘密，成功分离出沙眼病原体，并成功研制出了疫苗。为了纪念他的功绩，国际上将他分离出的沙眼病原体称为"汤氏病毒"。

1951 年，国家卫生部门提出了"保障疫苗供应，控制传染病流行"的任务，汤飞凡迅速组织研究所大规模研发和生产，疫苗产量 1951 年比 1949 年增加了 7 倍，1952 年又比 1951 年增加了 13 倍。到 1954 年，我国烈性传染病基本得到有效控制。

汤飞凡又将工作重点转向常见病、多发病，特别是对儿童健康威胁极大的几种传染病。当时中国麻疹流行，冬春之际，发病率和死亡率都很高。俗称小儿麻痹的脊髓灰质炎发病率超过万分之一，常有暴发流行之势。汤飞凡很快分离出麻疹病毒和脊髓灰质炎病毒，制作出的麻疹活疫苗开始在北京的幼儿园内试用后，迅速推广。

汤飞凡还承担起黄热病疫苗的研制任务。为了解决病毒毒力变异问题，他利用 1947 年从美国获得的无毒病毒株 17-D，很快制出了黄热病减毒活疫苗，解决了海港检疫接种黄热疫苗的燃眉之急。此外，他还组织提高了白喉类毒素、卡介苗、百日咳菌苗、丙种球蛋白等制剂的质量并扩大了生产规模。

为了消灭天花，我国在 20 世纪 50 年代就实行普种牛痘。生物制品研究所是牛痘疫苗的主要供应单位，该所使用汤飞凡选定的生痘毒种和由他建立的乙醚杀灭杂菌的方法，在简单条件下制造大量优质牛痘疫苗，每天产量超过 10 万支，为全国消灭天花做出重要贡献。据资料记载，我国在 1961 年就消灭了天花，比全球消灭天花早 16 年。

1957 年，汤飞凡被选聘为中国科学院学部委员。1958 年，汤飞凡不幸离世。时隔 20 余年，国际沙眼防治组织 1981 年为他追赠颁发了"沙眼金质奖章"。在一次国际眼科学大会上，全场为故去的汤飞凡默哀 3 分钟，向这位在沙眼病研究和鉴定方面做出杰出贡献的科学家致敬。

汤飞凡雕像。

参考文献

1. 梅兴无 . 中国第一代病毒学家汤飞凡 [J]. 炎黄春秋，2020（09）：88-93.

2. 梅兴无 . "中国疫苗之父"汤飞凡 [J]. 世纪风采，2020（08）：30-36.

3. 管辉 . 中国疫苗之父：汤飞凡 [J]. 中国档案，2020（05）：86-87.

4. 37 度 . 国士无双，英才非凡 [J]. 科学启蒙，2019（11）：28-29.

5. 孙硕 . 汤飞凡：细菌学的拓荒者 [J]. 科学中国人，2019（05）：77-79.

1992-19　　　　　　　　　　　　　(4-1) J

熊庆来 1893.10 — 1969.2

中国数学界的"伯乐"

数学家、教育家

中国现代数学先驱、中国函数论的主要开拓者之一

创办了清华大学、东南大学等多所大学的数学系

曾任云南大学校长

> "平生引以为幸者，每得与当时英才聚于一堂，因之我的教学工作颇受其鼓舞。"
>
> ——熊庆来

有人说他是"千里马"，在数学方面的天赋和成就使他成为中国现代数学的先驱；有人说他是"伯乐"，具有一双慧眼培养了华罗庚、钱三强等众多优秀学者，是名副其实的教育家。

这样一位既当得好"千里马"也做得好"伯乐"的人，在我国历史上留下了辉煌的一笔。他就是中国数学家、教育家——熊庆来。

学好知识，才能救国！

1893 年 10 月，熊庆来出生于云南省弥勒县息宰村。息宰村是一片红土地，收成的日子里，放眼望去，只见一片片甘蔗林和玉米地在风中飒飒作响。在这里，熊庆来度过了童年时光，小小的乡间私塾里，留下他苦读的身影。

及至青年，适逢辛亥革命，国人向西方学习科学与实业的心更切，云南当局根据形势发展，建云南高等学堂，设英、法文专修科，并从考试中选拔三十多人准备送往欧美留学，造就专门人才。

熊庆来脱颖而出，考取留学机会前往比利时。1913年秋，20岁的熊庆来告别家人，踏上留学之路。轮船途经新加坡时，一位老华侨对他说，希望早日返回建设祖国，祖国富强了，海外侨胞脸上才有光彩。

想着国人和侨胞的殷切期望，又想到祖国和家乡的落后现实，熊庆来感慨良多，深觉责任重大。"只有学好知识，才能救国，才能建国！"他立定志向，要用科学来改变中国的落后面貌。

在比利时，熊庆来首先进入预科班，补习数学等学科。凭借勤奋好学，他总结学习方法，很快赶上了进度，并取得高等数学的学历证书。

此后，熊庆来辗转多地，先后在法国的格伦诺布尔大学、巴黎大学、蒙博里大学、马赛大学学习，数年间，陆续获得微积分学、理论力学、理论天文、高等物理学的等多个学历证书，并获得法国理学硕士学位。这段留学经历，让熊庆来受益匪浅，更坚定了他素来抱有的科学救国、教育救国的梦想。

熊庆来在家中看书。（新华社发）

中国的数学家不能落后

1920 年归国后，熊庆来先后在东南大学、清华大学、云南大学等各大高校任教，一边教书育人，一边继续自己的学术研究。熊庆来有着一股韧劲，正是这股坚韧的劲头让他获得了一个又一个突破性成功。

1932 年，熊庆来代表中国第一次出席了瑞士苏黎士国际数学家大会。这是国际数学界四年一度的盛会，各国的知名数学家济济一堂，做学术报告，交流最新的研究成果。在这里，熊庆来看到日本、印度和一些弱小国家的数学家代表，更感到自己肩负的责任之重大，心中想着：中国的数学家一定要努力迎头赶上！

会议结束后，熊庆来前往巴黎，到法国普旺加烈学院开始了数论的研究。这次是他第二次来到法国。19 年前，他作为一名学生不远万里到欧洲求学，知道了世界科学发展的方向，明白了祖国在世界科学发展中的位置，坚定了自己以科学救国的理想。现在，他为了更高的追求又站在塞纳河畔，来到凯旋门前，这一次，他仍是夜以继日地学习和研究。

此次赴法研究，熊庆来的主要目标是在无穷级整函数方面研究得出能与波莱尔关于有穷级整函数理论相媲美的结果。每天，在普旺加烈学院的图书馆里，他分析前人曾经做过的工作，大量地演算、验证，寻找前人未曾涉及的途径。他冥思苦想，伏案运算，一条条途径时隐时现，一个个方案摆出又推翻，一个个设想在脑中大胆地出现，一次次演算在笔下反复地进行……

慢慢地，熊庆来感到自己的思路越来越清晰，找到了正确的研究方法。经过多少个日夜，熊庆来有了研究成果，他将研究成果作为博士论文，申请博士学位，最终获得法国国家理学博士学位，成为第一个获此学位的中国人。而这篇论文《关于整函数与无穷级的亚纯函数》中定义的无穷极，也被数学界称为"熊氏无穷极"，又称"熊氏定理"，被载入世界数学史册，成为后人研究无穷极整函数与亚纯函数的得力工具。

传承勤学笃志精神

熊庆来除了是一位杰出的数学家，还是一位优秀的教育家。他有一双发掘人才的慧眼，也有一颗惜才爱才的热心，让勤学笃志精神一代代传递下去。

1921 年，时年 28 岁的熊庆来在东南大学教学，认识了满腹才华但家境贫寒的学生刘光。熊庆来决定每个月从自己微薄的工资中拿出一部分，来资助这个聪明好学的年轻人。一直到刘光出国深造，熊庆来仍按时给他寄去生活费，有一次熊庆来手中缺钱，眼看到了该给刘光寄钱的日子，熊庆来想也没想，便卖掉了当时身上

熊庆来雕像。

穿的皮袍子。

家人得知后埋怨道:"你真不该这样,现在卖掉了皮袄,冻坏了身体怎么办?"熊庆来微微一笑,反过来安慰家人:"我再多穿一件衣服不就没事了?可是,如果刘光收不到钱,就会猜想我是不是遇到了什么问题,那样,就会影响他的学业。"正是这份坚守与无私,成就了优秀的物理学家刘光。

在教育生涯中,熊庆来作为"伯乐"发掘和培养了众多科学家,著名的数学家陈省身、段复学、华罗庚,物理学家严济慈、钱三强、钱伟长、赵九章、赵忠尧等都是他的学生。

为了更好地培育数学人才,熊庆来还创办了中国近代史上第一个近代数学研究机构,即清华大学算学研究部,在后来的几十年中培育了一批批人才。与此同时,熊庆来创办期刊、开设课程、编写讲义,把教书育人的各方面做好做全,竭力为中国现代教育事业添砖加瓦。

熊庆来在教育方面的贡献还体现在他留下的众多文献资料中。他编写了《高等数学分析》等十多种教材,是当时第一次用中文写成的数学教科书,对我国的数学教育事业具有突破性贡献。

1957—1969年期间,熊庆来任中国科学院数学研究所研究员和函数论研究室主任,在中科院度过了人生最后12年。此时的他虽已到暮年,但仍坚守在教书育人的一线岗位。1962年,熊庆来以年近70岁的高龄招收了两名学生杨乐与张广厚,后来都成为我国著名的数学家。在学生们的回忆中，熊先生即使年逾古稀，每当讨论数学时，眼神里总有一束光，那是藏不住的信仰。

"平生引以为幸者，每得与当时英才聚于一堂，因之我的教学工作颇受其鼓舞。"熊庆来晚年曾这样谦虚地说。寥寥数语，道出一位为我国近现代数学发展披荆斩棘、开辟道路的老科学家的伟大胸襟和人生境界。

参考文献

1. 张维著 . 熊庆来 [M]. 石家庄：河北教育出版社，2001.

2. 张广军编著 . 熊庆来 [M]. 北京：中国国际广播出版社，1998.

3. 孙家佳编著 . 数学大师熊庆来传奇（第 2 版）[M]. 昆明：云南教育出版社，2017.

4. 熊庆来 恭敬桑梓 学术救国 [J]. 应用数学，2022，35（03）：479.

5. 陈一览 . 熊庆来与中国近代数学 [J]. 创造，2022，30（04）：2.

医学家——张孝骞
一八九七——一九八七

中国邮政
CHINA

50分

1992-19

(4-3)J

张孝骞

1897.12
—
1987.8

中国消化病学的奠基人

内科专家、医学教育家

中国科学院学部委员（院士）

曾任中国医学科学院副院长

毕生致力于临床医学、医学科学研究和医学教育工作

> "生命的泉，即使拌和着血和泪，也要在自己的国土上流淌。"
>
> ——张孝骞

医生们景仰他，将他视为一个时代的高峰。患者们怀念他，说让他看病是一生的幸运。

他是我国消化病学的奠基人，创建了我国第一个消化专业组、第一个消化专科；他毕生致力于临床医学、医学科学研究和医学教育工作，培养的学生大多成为中国医疗骨干。

他的名字是——张孝骞。

为协和、湘雅殚精竭虑

1897 年 12 月，张孝骞出生于湖南长沙一个清贫的教师家庭。他从小勤奋好学，以优异成绩考入长沙湘雅医学专门学校。到 1921 年毕业时，张孝骞取得了湘雅医学院学业课程和毕业论文两个第一名的成绩。

毕业后，张孝骞相继在湘雅医学院、协和医学院担任内科学助教，并兼任湘雅医院、协和医院住院医师。他一边努力工作，一边继续勤奋学习，积累了大量临床知识，成为一名出色的临床医生。

1926 年 9 月，张孝骞被选送赴美国约翰·霍普金斯大学医学院进修一年，从事血容量的研究工作。很快，而立之年的张孝骞开始在医学界崭露头角。在 1927 年举行的临床研究学会年会上，他的学术论文《测定循环血容量的一氧化碳方法》和《糖尿病酸中毒时的血容量》宣读以后，受到了医学界的关注。1928 年，这两篇论文在美《临床研究》杂志上发表并随后为教科书所采用，这是中国留学生在美国医学院从未取得过的成绩。

一年进修很快结束了。张孝骞回到协和医学院任讲师，继续对甲状腺机能亢进、肾病、营养不良性水肿病者的血容量作检测研究。他发现，低蛋白血症是由于血胶体渗透压降低、血容量减少，纠正了以往理解的血液稀释、血容量增加的错误。

1921 年 7 月张孝骞在湘雅医学院
毕业典礼上的留影。(资料照片)

在此期间，张孝骞为我国创建了第一个消化专业组，并对胃的分泌功能进行多方面的研究，他首次在临床上使用"组胺法"化验胃液分泌，并提出发热对胃分泌功能有抑制作用的新论点，从病理生理上阐述了发热病人不愿进食的机制之一，这些论文，有些至今仍被国际上广泛引用。

1933 年 12 月，张孝骞再次启程赴美，进行胃分泌研究，并对美国医学界进行考察。1934 年 7 月，张孝骞回到协和医学院，担任内科消化专业组的领导职务，在从事繁重的门诊和教学工作的同时，仍然孜孜不倦地进行胃肠疾病的研究工作，为进一步搞好临床医学和医学教育工作打下了良好的基础。

卢沟桥事变后，北平沦陷。张孝骞不愿在敌伪区工作，便辞去协和医院的工作，回到湘雅医学院，接替院长职务。很快，战火又逼近长沙，张孝骞率领全院师生，携带必要的仪器设备、图书，长途跋涉，迁到贵阳、重庆继续办学，在极端困难的条件下，张孝骞以身作则，带头减薪一半，与师生同甘共苦，在山沟里支撑着这所流亡中的医学院，并培养出一批优秀的医学人才。

1948 年 9 月，张孝骞再回协和医学院，主持协和医学院内科诊务。他积极投入复校与开诊工作，为协和医学院的发展四方延揽人才，充实师资队伍。他还把内科分成消化、心肾、传染、血液、呼吸等专业组，坚持倡导大查房制度、住院医师制度、临床病例讨论会、多学科协作诊疗制度。这一系列制度和管理模式，一直被协和沿用至今，也被广泛推广于全国医学院校。

1955 年，张孝骞被推选为中国科学院生物学部委员，并担任中国医学科学院副院长。

"戒、慎、恐、惧"

张孝骞晚年常用一个特殊的听诊器——管子比通常的听诊器短半截儿。他总是弯着腰听，几乎要趴在病人身上："我耳朵不好了，短点才能听得清楚些。"

张孝骞一向不习惯靠下级大夫的汇报来诊断病情，而要亲自查看。有人说，张孝骞对临床的坚持几乎到了偏执的程度，不管现代化检查手段多么丰富，他都认为不可以取代临床直接观察。

"每一个病例都是一个研究课题"，这是张孝骞的一句名言。课堂上，张孝骞常告诫学生们："不能只看各种检查、化验，而不看病人，不亲自接触病人。"

谦虚谨慎，实事求是，是张孝骞一生的执着。他曾这样写道：

古人讲，行医"如履薄冰，如临深渊"，这是什么意思？这就是对病人负责的精神。几十年的医疗实践中，我总是用"戒、慎、恐、惧"四个字要求自己。病人把生命都交给了我们，我们怎么不感到恐惧呢？怎么能不用戒骄戒躁、谦虚谨慎的态度对待呢？

他还说：现在，科学技术发展很快，临床医学中现代化的检验方法日益增多，现代化的设备只有与医生对病人的直接观察相结合，才能发挥作用。国外的临床医学，带有一定程度的商业性。病人进医院，不管需要不需要，先来一大套检查，其实这样做并不见得有什么好处。做各种技术检查，必须有的放矢。无关的、过于复杂的测定，反而容易把人的思想搞乱，且增加病人的负担和痛苦。

在长年的医疗、教学和科研工作中，张孝骞特别强调三者的密切联系。在这三者之间，他主张医疗居首位，是教学和科研的基础，为医学和各门生物学科的进步提供线索和深入研究的方向。

也正是秉持着这样的理念，张孝骞将医学理论运用于临床可谓"已臻化境"，他对疑难病、复杂病有着惊人的判断力。

巴掌大小的笔记本，几十册，整齐地码在协和医院院史馆一张老木桌上。打开来，里头密密麻麻地记满了病人的姓名、年龄、病案号、病情、初步诊断等。这都是张孝骞曾经记录下的旧病历。

当年查房，张孝骞总拿着小本子，遇到一些特殊病例，随口就说，你去参考某书的某页，就摆在图书馆哪个书架的什么位置；或者说，这类病哪种杂志报道过，截至哪年，总共有多少例。年轻医生跑去一查，果然丝毫不差。

把所有的光和热献给患者

从 1921 年 7 月开始看病，到 1986 年 7 月看完最后一个病人为止，在整整 65 年的临床工作中，被张孝骞治疗解决的疑难杂症难以计数。

查房时，张孝骞常会指出，以前哪年、在哪个病房、哪位医师主管过类似病人。有时连主管大夫本人都忘了，他却记得很清楚，让众人目瞪口呆。甚至二三十年前看过的病人，他都能说出姓名、病历号，仿佛一直陪伴在病人身旁。

直至 80 多岁高龄，张孝骞还坚持一周两次门诊、4 次查房的惯例。

1981 年年初，北京郊区某医院送来了一位农民患者，张孝骞看完病历要求再给病人做两项化验，才能确诊，可是两天过去了，京郊医院只送回来一项化验结果。张孝骞有些焦急了，他对助手说："我不能再等了，必须马上去看病人。"年逾八旬的老人，说着便穿起大衣，冒着冬天的寒风，向京郊医院出发了。

1986 年 7 月，呼吸内科医生陆慰萱想请张老帮忙看一个疑难病人，又很犹豫。那时张孝骞已确认了肺癌，一直痰中带血。后来，张孝骞还是听说了，拄起拐棍就出了门。

正是酷暑，烈日当头。从门诊楼到老楼的 8 楼 2 病房，要走500 多步，爬 42 级楼梯。有电梯，但按规定只能用于转运病人，

1981年9月，张孝骞（中）在北京协和医院参加会诊。
（资料照片）

1982 年，张孝骞在北京家中读书。（资料照片）

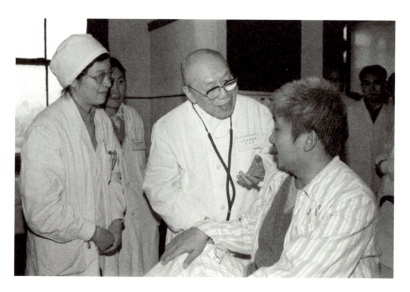

1985 年，张孝骞在北京协和医院内科病房询问
患者病情及治疗效果。（新华社记者杨武敏摄）

张孝骞严守规定，步履蹒跚地去爬楼梯。不难想象，对这个生命只剩最后一年的老人来说，那段路是多么沉重的负担！当他气喘吁吁地出现在病房门口时，陆慰萱和病人感动得都呆住了。

每个月，张孝骞都会收到全国各地大批患者的来信，有感谢的，有问诊的，工作再繁忙，张孝骞都会认认真真地亲自回信。年事渐高后，张孝骞委托身边的几位学生作为代理，他说："写一封回信也不一定能解决多少问题，但对患者来说，这一封信就是一种极大的安慰。"

1987 年 8 月 8 日，张孝骞在协和医院逝世，享年 90 岁。

医者仁心。他这一生中，说得很多的一句话是："我是一个医生。"他像春蚕吐丝一样，为了神圣的医学事业，奉献了自己的一生，把所有的光和热献给了患者。

参考文献

1. "协和记忆"学风涵养工作室.张孝骞：用一生践行科学报国理想.中国科协 2023 年学风传承行动支持项目 (XFCC 202322091) 成果.

2. 北京协和医院 / 湘雅医学院编著.张孝骞画传 [M].中国协和医科大学出版社.2008.

3. 黄禹康.一代名医张孝骞的传奇人生.中华魂 [J],2014(13)45-49.

4. 陈德昌.张孝骞教授和他的小本本.中华重症医学电子杂志[J].2015,1(1):61-62.

CHINA **中国邮政**

林 学 家 梁 希 1883—1958

80分

2006—11

梁希

(4—1) J

梁希

1883.12
—
1958.12

要替河山装成锦绣

林业教育家、林化专家

我国现代林业的杰出开拓者

中国科学院学部委员（院士），曾任林业部首任部长

长期从事林产化学方面的教学与研究

主要包括松树采脂、樟脑制造、桐油抽提、木材干馏等

方面的研究

> "无山不绿，有水皆清，四时花香，万壑鸟鸣，替河山装成锦绣，把国土绘成丹青。"
>
> ——梁希

梁希的一生始于"林"，止于林。

双林镇，位于浙江省吴兴县（现湖州市南浔区）。1883 年 12 月，梁希出生于此，他自幼资质过人，15 岁就考中秀才，有着"两浙才子"的美名。

此后，他专攻林学，40 余年如一日，开拓了中国的林产制造化学、森林利用学，同时致力于林业人才的培养，大半生为国育人育树。

"青山绿水在祖国国土上织成一幅翡翠色的图案"，这是梁希生前对祖国山河美好愿景的描绘，也是他所提倡的激励林业工作者为之奋斗的使命。如今，在一代代林业工作者的接续奋斗下，正在成为现实。

青年时期：全心求学，立志报国

1905 年，清政府废除科举。此时梁希正值青年，眼见当时中国连遭外侮，他抱着"武备救国"的决心，考入浙杭武备学堂学习西洋军事。由于成绩优异，梁希被选派赴日留学。

留日期间，梁希眼界得以更加开阔，"科学救国"的想法逐渐萌发。他发现，日本人的穿着大多来自人造丝织品，源头是用植物纤维提取纤维素，背后要用到林产制造化学。这是一门富国利民的新兴学科。

1913 年，梁希转入东京帝国大学（今东京大学）农学部，专攻森林利用、林产制造学科。他潜心钻研，学习成绩超群，深受导师们的赞誉。这段求学经历，为他之后数十年的科研成就打下了坚实基础。

1916 年，梁希学成回国，在奉天安东（今辽宁丹东）鸭绿江采木公司任技师。该公司虽为中日合办，但日本人独揽大权，国人受气，他便转入北京农业专门学校任教员兼林科主任。

1923 年，梁希得知德国在第一次世界大战期间使用木材生产饲料、制造燃料能源，成功渡过了战时物资紧缺的难关，便自费前往德国塔朗脱高等林业学校（现为德累斯顿大学林学系）求学。

在国外求学多年的梁希，深感中国森林工业的落后，当时中国的森林采伐及林产品利用均受外国人掣肘，于生态环境和国家经

梁希资料照片。

济都极为不利。梁希认为，要发展中国的林业，必须从教育着手，培养人才，只有更多的学生了解和学习林学，才能从根本上改变中国的现状。

奔东洋，赴西洋，梁希早已将林业当成自己的毕生追求。

中年时期：教书育人，科研救国

梁希深感责任重大，于 1927 年回到祖国，在国立北京农业大学任教，讲授森林利用学、林产制造化学、木材学和木材防腐学等课程。这些课程的教材，均由梁希自己编撰，且在研究和实践中查漏补缺，推陈出新。每次上课前，梁希都会认真备课，并提前把重难点写在教室的黑板上，讲课逻辑清晰、论据翔实，广受在校学生好评。

1928 年，梁希受聘为浙江大学森林系主任兼教授，受时任浙江省建设厅厅长之请考察浙江林业。他花费了半年时间考察浙东和浙西地区，了解到民间不少地方还有着放火烧山、围山造田的陋习，很多地方荒山一片接一片，尤其是绍兴地区，梁希惊呼："此后恐无山可垦。"

更让梁希想不到的是，湖州地区自古有耕读之风，此次考察，同为湖州的安吉县山中竟然道路失修、匪盗横行，老百姓连山都不敢进，更不用说发展林业了。最可气的是，于潜县实有土地面积150余万亩，但查县政府粮薄，纳粮之面积连5万亩都不到。梁希愤愤地说："灵隐有飞来之峰，岂于潜之山，亦不翼而飞乎？"

心中的忧愤更加坚定了梁希科研救国的决心。1929年，梁希在浙江大学创立了中国第一个森林化学实验室。1933年任中央大学农学院森林系教授时，又在中央大学创立了同类实验室，进行松树采脂、樟脑制造器具等一系列试验研究，1935年，他在中国现有凝结器的基础上加以改良，制造成提炼樟脑（樟油）的实验装置。中国旧法榨取桐油，有25%—50%的桐油残留在桐饼内，梁希于1935年做的化学浸提桐油试验，可获取桐子中的桐油99%以上，大大增加了桐油得率。

1937年，中央大学本部因日寇侵占南京而迁到重庆沙坪坝，科研条件越发艰难。梁希已年近花甲，为了实验室和材料设备常常东奔西走，有一次为了领取几加仑酒精，竟往返跑了8趟。但在他苦心经营下，森林化学实验室初具规模，图书资料和种种设备在国内各森林系中首屈一指。

晚年时期：不忘初心，鞠躬尽瘁

新中国成立后，梁希作为中国林学界的最杰出代表，被提名担任新成立的林垦部（随后改名为林业部）部长。

在林化工业体系里，橡胶是一个重要部分，为了发展新中国的橡胶事业，梁希不顾年事已高，亲赴海南岛实地考察，而后又赶往广州几个相关大学，发动高校师生走出书斋参加建设。

回想当初，《大英百科全书》断言北纬 17 度以外的地区为橡胶种植禁区，但梁希不以为然。他通过考察指出：为求橡胶自给自足计，台湾与海南岛当推广繁殖之适当区域。在梁希的大力推动下，中国于 20 世纪 50 年代创造了在北纬 18—24 度地区建设橡胶园并获得成功的奇迹。

"无山不绿，有水皆清，四时花香，万壑鸟鸣，替河山装成锦绣，把国土绘成丹青，新中国的林人，同时是新中国的艺人。"

梁希这段名言，是 1951 年 3 月他在《新中国的林业》一文中，为中国河山描绘出了一幅瑰丽的远景，对林业工作者提出了殷切的期望，也一直鼓舞着广大林业工作者为新中国林业美好的未来而奋发努力。

梁希在领导工作中始终坚持深入调查研究、一切从实际出发的工作作风。他在担任部长的短短几年中，先后到华北、西北、东北、海南、浙江、湖北、云南等地区和省份调查研究，足迹遍布大江南北，而其中最有代表性的就是多次奔赴黄河流域调查研究。

1950 年 9 月，为了调研甘肃小陇山林区可否进行大面积采伐的问题，他带领工作组到小陇山林区（渭河上游）进行实地考察。

他乘坐牛车和毛驴深入偏远崎岖的现场，摸清了实际情况，最后决定不进行大量采伐，从东北调运木材供应修建天宝铁路急需，改小陇山林区的经营方向为以护林、造林为主，采伐为辅。这一决策保存了关系大西北水土保持命脉的小陇山林区的森林。

随后两年，梁希又先后考察了黄河的另几条支流——汾河、泾河、延水、洛河和无定河。当时他已是年近70高龄的老翁，冒着西北高原的寒风跋山涉水，在乡间访问干部群众，召开大大小小的会议讨论座谈，探讨如何治理黄河流域水土流失问题。

随着新中国林业的快速发展，一时间各地林业人才的需求难以满足，梁希身为第一任林业部部长，又身为教育家，深感培养林业技术干部的重要性和紧迫性。在他的建议下，农林高等院校做了调整，扩大规模，增加招生名额，林业界形成了"办学热"。1950年时，全国森林系师生不到100人，到1958年，全国独立的林业高等学院已达11所，设在农学院中的森林系有19个，在校师生3万多人。

1958年，梁希在《人民日报》上发表了自己生前的最后一篇文章《让绿荫护夏，红叶迎秋》，对林业做出了最后的讴歌，也为中国的绿化前景做了一番美丽的憧憬。文中写道："'绿化'这个名词太美丽了。山青了，水也会绿；水绿了，百水汇流的黄海也有可能逐渐地变成碧海。这样，青山绿水在祖国国土上织成一幅翡翠色的图案。"

梁希（中）在考察期间。（资料照片）

时任林业部部长的梁希和苏联专家在陕北榆林指导造林工作。（武纯展摄）

时任中华全国科学技术普及协会主席的梁希（左三）
在参观半导体在科学技术上的新成就。（新华社记者
时盘棋摄，1956 年 10 月 25 日发）

文章发表 3 个月后，为新中国林业事业倾情奉献、积劳成疾的梁希病逝于北京。

树木树人，薪火相传。一大批林业工作者们，不断地前行探索。替河山装成锦绣，把国土绘成丹青——梁希描绘过的美好愿景正在一步步实现。

参考文献

1. 季良纲 . 大地之梁 ——梁希传 . 浙江科学技术出版社 [M].2021.

2. 裘一佼、杨立新 .60 年前"两山"梦 ——浙江籍共和国首任林垦部长梁希的绿色发展理念 .《浙江日报》2015-11-26.

3. 王江江 . 天地无私草木春（林草百年印记）——记新中国首任林垦部部长梁希,《中国绿色时报》2021-04-20.

4. 胡文亮 . 梁希与中国近现代林业发展研究 [M]. 江苏人民出版社 .2016.

CHINA 中国邮政
桥梁学家茅以升 1896—1989
80分
2006—11
(4-2) J
茅以升

茅以升

1896.1
—
1989.11

一代"桥梁大师"

桥梁专家、我国近代桥梁工程奠基人之一
20 世纪 30 年代，他在钱塘江上建造了第一座由
中国人自己设计建设的公路铁路两用大桥
结束了中国江河上的钢铁大桥由外国人建造的历史
1955 年被选聘为中国科学院学部委员（院士）

> "对搞科学的人来说，勤奋就是成功之母。"
>
> ——茅以升

1975 年 9 月，浙江省档案馆收到一份珍贵的捐赠品：中国自行设计、建造的第一座双层铁路公路两用桥——钱塘江大桥的全部档案资料。

捐赠者正是大桥的设计者、我国著名的"桥梁大师"茅以升。这份档案，他悉心保存了 40 余年："过去我为人民修建了钱塘江大桥，现在我又把大桥的全部资料献给国家，这才能说真正完成了国家和人民交给我的历史任务。"

回顾茅以升辉煌的人生历程，从儿时因木桥倒塌而立志造出最结实的桥，到求学时博士论文中的科学创见被称为"茅氏定律"，再到"中国现代桥梁之父"，一个"桥"字贯穿始终。

"将来我长大了要建桥"

1896 年，茅以升出生于江苏镇江，不久后即随家人迁居南京。其祖父茅谦曾经创办了晚清时期颇具影响力的刊物《南洋官报》。茅以升在祖父的熏陶下，从小博览群书，记忆力超群，很多人都认为他日后必将成为一位文学大师。

但家乡的一次变故，改变了茅以升的人生目标。

每年端午节的时候，秦淮河上的龙舟比赛是当时南京最受欢迎的娱乐观赏项目。秦淮河上有座石拱桥，名为"文德桥"，有一个端午节晚上，人们为了观看龙舟比赛，拼命往桥上挤去，结果意外发生了——古老的文德桥垮塌，热闹的龙舟竞渡最后变成一场悲剧。

那天，茅以升正巧因故没有去看龙舟比赛，当伙伴们把文德桥的事情告诉他时，他在震惊之后下定决心："将来我长大了要建桥，一定要比文德桥好！"

从此以后，茅以升但凡看到有关桥梁的文章，就把它抄在本子上。在日常生活中，他也对桥梁着了迷，无论何时何地，只要见到桥梁，就从桥面看到桥柱，再把材质结构都画在纸上，时间长了，资料足足积攒了几大本子。

1911 年，茅以升考入唐山路矿学堂，也就是西南交通大学的前身。每次考试，他的成绩都是全班第一，5 年各科平均分均超

青年茅以升资料照片。

过 92.5 分，为该学堂历史上所罕见。1916 年毕业后，茅以升被清华学堂官费保送到美国康奈尔大学攻读研究生。

在美国，茅以升如饥似渴地学习，用一年时间顺利取得了硕士学位。为进一步丰富造桥的实践经验和理论知识，茅以升想出半工半读的主意，实习的同时，在卡内基·梅隆理工学院攻读博士学位。他晚上上课攻读学位，白天到一家桥梁公司实习，亲手绘图、切削铁件、打铆钉、制油漆。1919 年，凭借超乎常人的毅力和勤奋，茅以升以优异成绩完成了博士论文答辩。

时隔近一个世纪，2006 年 4 月的一天，卡内基·梅隆大学为茅以升竖起了该校建校以来第一尊人物纪念塑像，由此也可见茅以升的历史地位。

这样的优秀人才，美国自然会不遗余力地招揽。当时茅以升在美国收到了一份聘书，高薪聘请他担任工程设计师。当时有美国同行劝他：科学技术是没有国界的，科学家的贡献属于全世界，中国科学条件差，你在美国可以得到更好的发展。但茅以升毫不犹豫地回答道："科学是没有国界的，但是科学家是有祖国的，我是一个中国人，我的祖国需要我，我要回去为祖国服务。"

1919 年，茅以升带着一身本领回到了国内，开始了为国造桥的事业。

武汉长江大桥技术顾问委员会主任委员
茅以升（右立第二人）等参观大桥正桥。
（新华社记者李基禄摄）

两次建设钱塘江大桥

24 岁的茅以升回国后，在交通大学唐山学校任教授。当时，浙赣铁路正在兴建，要与沪杭铁路衔接，需在钱塘江上架设一座大桥。

但是，钱塘江的水文地质条件极为复杂，其水势不仅受上游山洪暴发的影响，还受下游海潮涨落的约束，若遇台风袭击，江面常呈汹涌翻腾之势，江底的流沙则厚达 41 米，变迁莫测，素有"钱塘江无底"之说。

茅以升心想，中国的大川大河上，已有一些大桥了，但都是外国人造的——济南黄河大桥是德国人修的、蚌埠淮河大桥是美国人修的、沈阳浑河大桥是日本人修的——现在的钱塘江大桥，我们中国人一定要自己修！

1933 年，茅以升出任钱塘江大桥工程处处长，开始主持修建我国第一座公路铁路兼用的现代化大桥——钱塘江大桥。他采用"射水法"解决了江底泥沙厚重难以打桩的问题，采用"沉箱法"解决了水流湍急难以浇筑桥墩的问题，采用"浮远法"解决了架设钢梁进度缓慢的问题……经过 5 年努力，现代化的钱塘江大桥终于建成。

可是，当时日寇进攻愈发猛烈，国内环境动荡不安，就在钱塘江大桥即将开通之前，茅以升接到密令：当局要求炸毁大桥，以阻敌军。

自己造的桥要自己炸，这简直跟杀死自己的儿子一样，茅以升心如刀割。但他也深知，造桥是爱国，现如今炸桥也是爱国。因为足够了解大桥，知道爆破点放在哪里最合适，这份重任只有他能够担当。

1937 年 12 月 23 日傍晚，只听见轰的一声巨响，建成不足三个月的钱塘江大桥腾起冲天烟柱，桥从六处被截断。茅以升站立桥畔，悲愤交加，心潮激荡吟出《别钱塘》："斗地风云突变色，炸桥挥泪断通途。五行缺火真来火，不复原桥不丈夫！"

此后多年，复建钱塘江大桥的信念一直萦绕在茅以升的心头。抗战刚一胜利，茅以升立即飞沪赴杭，投入大桥抢修，但由于种种原因未能进行。

1949 年杭州解放，茅以升又来到杭州翻修大桥。我国自行设计建造的大桥历经战火，最终重新傲然屹立于钱塘江之上。

钱塘江大桥建成于抗日烽火之中，再生于和平建设之世。它不仅在中华民族抗击外来侵略者的斗争中书写了可歌可泣的一页，而且在国家经济建设中发挥了重要作用；它使沪杭与浙赣两条铁路相连接，使钱塘江两岸由天堑变通途，为我国交通事业的发展和当地经济的繁荣建立了不朽的功勋。茅以升的名字，与这座大桥也紧密联系在一起。

"幸赖桥梁以渡，桥何名欤？曰奋斗"

茅以升继 1948 年当选中央研究院院士后，1955 年被选聘为中国科学院学部委员（院士）。也是在这一年，他出任武汉长江大桥技术顾问，主持修建我国第一座跨越长江的大桥——武汉长江大桥。

从 1955 年 9 月正式开工，到 1957 年 9 月 25 日建成，武汉长江大桥的修建比原计划提前了一年零三个月。这是铁路公路两用的双层钢桁梁桥，正桥长 1155.5 米，连同两端公路引桥，总长 1670.4 米。大桥将京汉铁路和粤汉铁路衔接起来，成为我国贯穿南北的交通大动脉，并把武汉三镇连成一体，确保了我国南北地区铁路和公路网连成一体，被誉为"万里长江第一桥"。

除了奋斗在建设事业的第一线，茅以升也深知人才对于祖国的重要性，矢志于祖国的工程教育事业。

他长期任教于东南大学，并四度出任唐山交通大学校长。新中国成立后，茅以升出任由国立唐山工学院、北平铁道管理学院组成的北方交通大学校长，尤其在担任铁道科学研究所所长、铁道科学院院长之后，茅以升为了培养新中国的科研人才倾注了全部心血。

新中国的社会主义建设，对运输能力强大的铁路有着强烈需求。在中国广袤的土地上修建铁路网，势必对机车车辆、通信信号、铁轨技术等提出极高的要求，运输经济等方面也有很多课题

茅以升在看书。（资料照片）

茅以升在全国政协六届二次
会议上增补为政协副主席。
（新华社记者薛铁军 1983 年
12 月摄）

都需要进行科学研究和分析。为此，茅以升提出"一切为了科研，科研为了运输"的口号，通过选定铁路方面的重大、综合、长远课题，切实解决了中国铁路现代化所遇到的多个难题。

1989年11月，茅以升病逝于北京，享年93岁。临别之际，和桥梁打了一辈子交道的茅以升感叹："人生一征途尔，其长百年，回首前尘，历历在目，崎岖多于平坦，忽深谷，忽洪涛，幸赖桥梁以渡，桥何名欤？曰奋斗。"

他的一生都在为了祖国的工程建设事业而奋斗，在我国的现代化建设中发挥着不可磨灭的贡献。他自愿化身柱石，牢牢地托举起了祖国的建设大业。茅以升的伟大爱国主义精神，敢为人先的科技创新精神，排除一切艰难险阻、勇往直前的奋斗精神，永远是鼓舞后人不懈奋斗的宝贵精神财富。

参考文献

1. 茅以升：立强国之志 建强国之桥 [J]. 河海大学学报（哲学社会科学版），2022.
2. 叶介甫. 茅以升与钱塘江大桥 [J]. 民主与科学，2022.
3. 朱亚宗. 茅以升：文理兼通的一代科坛巨擘 [J]. 高等教育研究学报，2022.
4. 高柳，李娟. 中国现代桥梁之父——茅以升 [J]. 档案记忆，2017.
5. 赵泰靖. 华人十大科学家：茅以升 [M]. 郑州：河南文艺出版社，2012.

CHINA **中国邮政**
物理学家严济慈 1900 - 1996

80分
2006 - 11

严濟慈

(4 - 3) J

严济慈

1900.12
—
1996.11

追寻"科学之光"

我国现代物理学研究工作的创始人之一

光学研究和光学仪器研制工作的奠基人之一

被称为"中国研究水晶压电效应第一人"

1948 年当选为中国物理学会理事长

1955 年被选聘为中国科学院学部委员(院士)

"要教好书，除要有真学问外，一要大胆，二要'少而精'，三要启发学生，识别人才。"

——严济慈

他勤勉不辍，致力于奠定中国现代物理学研究工作、中国光学研究和光学仪器研制工作的基础。他授业解惑，播洒科学研究的星火，为中国的科研事业培育了国家栋梁。

从农户之子到中国科学院院士，回望严济慈的一生，无愧于他追寻"科学之光"的人生理念。

三换专业，为国踏上科学路

严济慈出生在浙江东阳下湖严村的一户农家。他从小聪颖好学，刻苦上进，在数理方面尤为出众。也正是得益于天赋和刻苦，1914年严济慈以第一名的成绩考入东阳县立中学，1918年以浙江省第一名的成绩考入南京高等师范学校。

第一年选择商业，没有激起严济慈的兴趣，第二年他转入工业专修科，从一年级读起，但之于他依然没有吸引力。1919年五四运动爆发，严济慈越来越清晰地认识到，只有德先生和赛先生才能帮助中国，个人的学习要融入国家和民族的事业之中。他第三次更改专业，改学数理化学科。

严济慈深受著名数学家何鲁、熊庆来和物理学家胡刚复教授的赏识，在校期间，他勤奋刻苦，成绩高居榜首。1923年，严济慈以第一名的成绩毕业于南京高等师范学校数理化部。

恩师何鲁极力劝他出国留学，但出国留学所需费用高昂，严济慈婉言谢绝了老师的好意。谁知第二天，何鲁、熊庆来等几位老师为他凑齐了赴法国留学的路费，助他出国留学。何鲁对他说："去了学有所成，日后报效国家，先生们的心足矣！"

在巴黎大学，宿舍—教室—图书馆—实验室—宿舍，成为严济慈每天固定的活动路线，他在给爱人的书信中写道：一个人，既然学术界许身，便没有权利同普通人一样的生活法……

经过一年潜心学习，1925年，在巴黎大学的夏季考试中，严济慈拿下三门主课文凭，其中普通物理名列第二。一年之内完成三门主课获得硕士学位，这在巴黎大学的历史上还是首次。

青年严济慈与家人，资料照片。

这年 7 月，严济慈普通物理口试的主考官、法国著名光学科学家法布里教授聘请严济慈到巴黎大学光学实验室从事研究工作。严济慈开始了承担的第一个课题"石英在电场下的扩展"，这也是享誉世界的科学家居里夫人十分关注的课题。为此，居里夫人还把自己丈夫及其哥哥用过的石英样品借给严济慈作研究使用。

经过一年半的研究，严济慈精确地测定出"晶体压电效应反现象"，证实了比埃尔·居里的设想，解决了这一 40 余年悬而未解的难题。

1927 年 6 月，巴黎大学举行论文答辩，严济慈成为第一个获得法国国家科学博士学位的中国人。囿于当时"获得高等职务的任命只限于法国人"这一规定，严济慈未能获得高等职务任命。

他却没有任何遗憾，因为他来法国的目的为了学习最先进的知识，如今目的已经达到，他归心似箭。在归国的船上，遇到了同行的画家徐悲鸿，两人相谈甚欢，徐悲鸿为他画了一张素描小像，并用法语写下"科学之光"的赞誉。

科学之光，既包含了严济慈的字"慕光"，又预示了严济慈未来将为中国科学界带来更多光明，引领一代学子走上科学之路。

"在闹市还能做学问的人，才能成为真正的科学家"

1927 年，严济慈启程回国并相继在上海大同大学、中国公学、暨南大学和南京国立第四中山大学担任物理和数学方面的教授，为中国培养了一批优秀的物理和数学人才。

1928 年年底，为了在专业领域更加精进，严济慈辞去大学教职，再次出国留学。船停泊于苏伊士港口时，他在信中坦陈心志："居吾辈情形，吾辈研究科学，科学在中国没有根，未能独立，更无先人可为吾辈之准则。虽科学为国际的，但我总愿于国际外做中国的科学事业。"

两度赴法，两次回国，严济慈始终恪守爱国主义情怀。

"遥想前途当以居里夫人为楷模。"这是严济慈在赴法时给爱人信中的话。1930 年 10 月，回到祖国后，他把视野投向科学深处。

当时的北平人文气息浓厚，严济慈便回到这里，担任北平研究院物理研究所所长，后来他写信从居里夫人那里要到一些含镭的盐样品和放射氯化铅，又筹建起放射学实验室和镭学研究所。他和几名年轻人泡在东皇城根那方小天地里做研究——如同他留学巴黎时那般。

胡适曾在饭桌上感慨："慕光，你真不容易，在巴黎那个花花世界里你还能做学问。"

严济慈答："也只有在巴黎闹市里还能做学问的人，才能成为真正的科学家。"

对于每天做学问，严济慈乐在其中。

他曾写道："怎么会有人觉得科学枯燥无味呢？还有什么东西

能比支配宇宙的自然规律更引人入胜呢？自然规律的和谐和真实，使小说显得多么空虚，神话显得多么缺乏想象力啊！"

正因为这种潜心钻研，成就了他科学生涯的黄金时代。在1927年至1938年的12年间，他的名字和53篇科学论文一起被刊登在法、英、美、德等国重要学术刊物上，被中外学者引用。

为了促进中法的学术交流，1937年5月，严济慈启程第三次赴法国。到巴黎一个星期后，震惊中外的"七七事变"爆发，不久，又传来南京沦陷的消息。朋友们劝告他留下，把家眷接到法国，但严济慈坚决拒绝。1938年年初，严济慈动身回国并牵头将北研院物理所迁到昆明远郊的黑龙潭。

当时的昆明也并不安宁。日本的轰炸机像秃鹫一般，三天两头在头顶盘桓，时不时扔下一串串炸弹。严济慈把物理所安顿在一座破庙里，完全转向战时工作，待敌机一走，大家就又回到所里继续磨镜头、镜片。

当时大西南几条运输线路都被炮火封锁，前线部队迫切需要望远镜、测距镜等仪器，作为研究光学的专家严济慈一一应承下来。500架1500倍的显微镜送到了前线医疗阵地和科研机构，1000多具水晶振荡器安装在无线电发报机上，300多套五角测距镜和望远镜送到了战场上……在国家存亡的危难时刻，严济慈带领物理所全体人员，全力从事军需用品的研制和与国计民生相关的应用物理研究工作，为抗日战争做出了重要贡献。

"科学在中国的土地上生了根"

1949 年 12 月，即将出任中国科学院院长的郭沫若邀请严济慈参加中国科学院的筹建领导工作，为了实现将科学研究在中国大地落地生根的愿望，严济慈出任中国科学院办公厅主任，全力投入中国科学院的筹备工作。

1950 年 6 月，中研院物理所与北研院物理所合并，重组为中国科学院应用物理研究所，严济慈担任首任所长。1958 年 6 月 8 日，中国科技大学筹备委员会成立，严济慈任筹备委员会委员；而后中国科学技术大学成立，严济慈兼任中科大教授……

1977 年开始，时任中科大副校长的严济慈筹划在北京玉泉路的中科大旧址创建中国第一所研究生院，逐步建立起培养学士、硕士、博士学位的完整教育体系。

1979 年，严济慈又与李政道联合发起中美联合培养物理类研究生计划（CUSPEA），培养了一大批高层次人才。

松柏之志，经霜犹茂。

在 80 岁生日前夕，严济慈决定提出入党申请。他提起笔，向党组织表明了自己的决心："我在党的教育和领导下参加革命工作，已整整三十年……虽已年逾古稀，但是我没有迟暮之感。我争取要做一名共产党员，求得光荣的归宿。"

很多人疑惑，为什么在 80 岁的年龄还要入党？ 1980 年 3 月，

严济慈在为中科大的学生们上课（资料照片），新华社发。

严济慈在报纸上发表文章阐明原因："工作的实践，生活的比较，使我悟出这么一个道理：实现四个现代化，离不开科学；而科学的发展，离不开社会主义；社会主义又离不开党的领导。"

1981 年，严济慈在预备党员转正申请书中写道："在这一年多的时间里，我没有生过一天病，请过一天假……我过去是进步的科学家，现在是党内的新兵……我决心做一名辛勤的老园丁，浇灌出万紫千红的新花，把社会主义祖国建设得更美好。"直到离世，他一直孜孜不倦地履行着入党申请书中的承诺——为祖国的科学发展而奋斗。

1996 年 11 月 2 日，严济慈在北京逝世，享年 96 岁。如静默的松柏始终伫立，不为尘世的一切所蛊惑，只追求自身的简单和丰富——回首严济慈的一生，是无愧祖国与人民的一生，是追求科学之光、播洒科学研究星火的一生。

追逐光，成为光，散发光。如今中国的科学之路越来越宽阔平坦，越来越多的科研工作者与光同行，坚定理想信念，厚植科学爱国情怀，映照一路星火同行。

严济慈资料照片，新华社发。

参考文献

1. 张思晨 . 严济慈：慕光，繁星路 [N]. 中国青年报，2022.10.

2. 卢曙火著 . 严济慈 [M]. 杭州：浙江科学技术出版社，2010.

3. 马新生著 . 严济慈 [M]. 贵阳：贵州人民出版社，2005.

4. 张沪著；于建坤主编 . 严济慈 [M]. 石家庄：河北教育出版社，2000.

5. 严济慈著 . 严济慈：法兰西情书　爱国 · 爱家 · 爱人 [M]. 北京：解放军出版社，2002.

CHINA 中国邮政
物理学家周培源 1902—1993

80分
2006-11
(4-4) J

周培源

1902.8
—
1993.11

中国物理学界"参天大树"

流体力学家、理论物理学家、教育家
中国科学院学部委员（院士）
我国近代力学和理论物理学奠基人之一
曾任北京大学校长

> "科学本身并不全是枯燥的公式，而是有着潜在的美和无穷的趣味，科学探索本身也充满了诗意。"
>
> ——周培源

他用 52 年的时间去摘得流体力学中的桂冠，也用一生的时间为中国的力学研究奠定了厚实基础。复杂的"湍流"困不住他对知识的探求，艰难的时局压不弯他正直的脊梁。从懵懂少年到耄耋老人，老去了身体，却老不去一颗赤子之心。

他是周培源，中国近代力学和理论物理学的奠基人之一。

徜徉在理论物理学的国际前沿

1902 年，周培源出生在江苏省宜兴县的一个书香之家。3 岁半进私塾，8 岁入洋学堂，周培源从小展露出极强的学习天赋。

再年长一些，周培源随家人来到上海，考入上海圣约翰大学附属中学。刚读书一年后，"五四运动"爆发了，正可谓国家兴亡，匹夫有责，17 岁的周培源满怀热忱地参加了上海地区的爱国运动。但这场运动触怒了校方，周培源被开除。

周培源回到老家自学。某天，他在报上偶然看到一则版面很小的招生广告，得知清华学校在江苏省招收 5 名插班生的消息。通过勤学与聪慧，1919 年，周培源以优异成绩考入清华学校中等科（相当于现在的初中）。

初到清华，周培源插入初等科三年级，一个月后由于各科成绩优异，升到四年级。一年后他从中等科毕业时，学习成绩名列班级第二名，成为令同学们羡慕的优等生。1924 年，周培源因成绩优秀，被清华学校派送去美国芝加哥大学数理系继续完成大学课程。

刚上大学时，周培源笃信"科学救国"，认为学工对国家更有用，学成后可以直接为国家工业、国防服务。但学习日久，周培源看到了基础理论研究对整个世界科技进步所起的作用，尤其是爱因斯坦的相对论通过日食得以证实后，他对理论物理开始产生了浓厚兴趣。

周培源决心要在理论物理领域有所建树。怀揣着对于知识的渴求，他将所有时间都用在了学习上，放弃了几乎所有休息日。1926 年 3 月，周培源获得美国芝加哥大学数理系学士学位，仅隔

6个月，他又拿到了硕士学位。1927年，周培源入美国加利福尼亚理工学院继续攻读研究生，次年获理学博士学位。

1928年，他赴德国莱比锡大学，在沃纳·海森堡教授领导下从事量子力学的研究。1929年，他又赴瑞士苏黎世高等工业学校，在沃尔夫冈·泡利教授领导下从事量子力学研究。经过这两位顶尖科学家的教导，周培源对量子力学有了深入的了解和研究，也在国际科学界崭露头角。

命运，已经为这位天资聪颖的青年人在前途上铺满鲜花，但却被心怀祖国的他婉拒。将其所学，报效国家！1929年，游学美、欧已5个年头的周培源，踏上了归国的旅程。

为湍流模式理论奠基

当时的中国，进行理论物理研究的基础条件非常薄弱，人才尤其匮乏。年仅27岁的周培源被聘为国立清华大学物理系教授，他立刻着手展开工作，为中国在物理研究方面培养了一批优秀的人才。

周培源主讲力学，还担任着高年级的相对论、电动力学、统计力学等理论物理课程，有时每周要讲十多节课。周培源年轻，与学生们年龄相差不大，他从不故作深沉，喜欢与学生交朋友，平等对待每一位学生。在他的影响下，物理系有许多学生——王

在美工作期间，周培源（右三）与中国科学家聚会。（资料照片）

周培源（左二）一家欢度春节。
（新华社记者时盘棋摄，1956
年2月13日发）

时任北京大学副校长的周培源在备课。（新华社记者谢琍摄，1962年3月7日发）

周培源在中国科协二大上做报告。（新华社记者杨武敏摄）

竹溪、彭恒武、林家翘、张宗燧等，走上理论物理的研究道路并成为学界翘楚。

1936—1937 年，据清华大学休假规定，周培源赴美国，在普林斯顿高等学术研究院从事理论物理的研究，其间参加了爱因斯坦亲自领导的广义相对论讨论班，并从事相对论引力论和宇宙论的研究。

1937 年休假期满，周培源又踏上归程，但这时，抗日战争爆发了。

周培源受清华大学校长梅贻琦所托，组织清华大学南迁，曾先后任长沙临时大学和西南联大的物理系教授。南迁路上的风霜与艰难没有击垮周培源，反而使他更加清晰地认识到身为科学家的责任。

战时的昆明，由于国民党统治日益腐败，经济状况越来越差，物价飞涨。教、职员工的生活水平每况愈下。日军的轰炸、简陋的房屋、得不到保障的饮食、飞涨的物价，都没能让周培源低下头。面对山河破碎的祖国，周培源在痛惜愤慨之余，认为自己应该以科学为武器救国。他自学弹道学、空气动力学等课程，并专门开始了湍流理论的研究，希望在国防、航空及水利方面有所作为。

1940 年，他在《中国物理学报》上发表论文，提出并研究了湍流的脉动方程，获得重大理论突破。这一研究成果不仅吸引了一大批学子投入流体力学研究，也在国际上产生重大影响，周培源被公推为湍流模式理论的奠基人。

1943 年，以湍流问题研究享誉国际的周培源，受邀参加美国鱼雷空投入水的战时科学研究。在当时，这样一份工作无疑是令人艳羡的。但周培源在参加研究时多次提出，不做美国公民，只担任临时性职务，随时可以离去。他一刻没有忘记自己是中国人，没有忘记那处于炮火中的祖国。

1947年，周培源果断选择告别在美优渥的生活，回到祖国继续执教清华大学，将自己数十年来积累的知识，毫无保留地传授给年轻的学生们。新中国众多有着重大成就的物理学家，都曾接受过周培源的教导。

中国物理学界的"参天大树"

新中国成立后，周培源对共产党、对中国的前途充满信心。1952年，他在北京大学领导创办了中国第一个力学专业，即北京大学数学力学系力学专业。

周培源还提交了入党申请书。1959年，他被正式接纳为中共党员。

十年动乱期间，科技、教育领域备受摧残，周培源痛心疾首。他曾给周总理写信，呼吁加强理科教育和基础理论的研究，又写了一篇5000多字的文章，阐述基础理论教学和研究的必要性，于1972年在《光明日报》上发表。

此时已年近七旬的周培源仍保持着旺盛的学习热情。在湍流问题上成果颇丰的他，又将探求的目光转移到了阔别已久的相对论问题研究上，经过艰苦探索，将广义相对论宇宙论的研究向前推进了一步。

1978 年，中国开启了新的历史阶段。这一年，周培源被任命为北京大学校长。76 岁的他已进入人生暮年，但他从来不会因困难而却步。接下来的几年里，周培源异常忙碌，他多次带队出访美、欧国家，一方面肩负着文化交流的重要使命，一方面怀着对中国教育问题的思考在当地认真考察。

1980 年，周培源把考察所得同我国高等教育的现状结合起来，写了一篇题为《访美有感——关于高等教育改革的几个问题》的文章。在文章中，他就高等学校的师资水平、人才培养、学术现代化、思想教育和高校的领导等几方面，用古今中外大量事实进行了论证，为如何发展提高我国的高等教育水平提出了中肯意见。

1993 年，周培源因病辞世，享年 91 岁。就在他逝世前的一年，1992 年，吴大猷、杨振宁、李政道、吴健雄、王淦昌、卢嘉锡等 300 多位海内外大科学家齐聚北京，参加由北京大学、中国力学学会、中国物理学会共同发起的"国际流体力学和理论物理科学讨论会"，作为给周培源 90 华诞的献礼。

生日的烛光，映照着这位中国当代物理学界的泰斗，也照出了他不平凡的人生：燃烧自己，照亮后人。在他的坐椅背后悬挂着北大全体师生的贺词："献身科学，教育英才；功在国家，造福将来；寿齐嵩岱，德被春葵；祝媢欢呼，漪欤盛哉。"

1.20元

中国邮政 CHINA
2011-14

1903-2009
生物物理学家—贝时璋

（4-1）J

贝时璋

1903.10
—
2009.10

中国生物物理学的奠基人

生物物理学家、细胞生物学家和教育家

我国生物物理学的奠基人

实验生物学和细胞学的开拓者之一

尤以关于细胞重建的研究最为突出

1955 年被选聘为中国科学院学部委员（院士）

"一个真实的科学家，是忠于科学、热爱科学的；他热爱科学，不是为名为利，而是求知识、爱真理，为国家作贡献，为人民谋福利。"

——贝时璋

因胚胎学和细胞生物学研究成名，是中国胚胎学和细胞生物学的创始人之一；领导开辟了我国学科交叉的先河，奠基了我国生物物理学的发展——在以107岁高龄辞世之前，贝时璋是最后一位民国时期中央研究院首批院士以及中科院最年长的院士。

在生命的最后岁月里，贝时璋还在孜孜不倦地从事细胞重建研究，甚至去世的前一天，还跟同事讨论工作。他说的最后一句话是："我们要为国家争口气。"贝时璋被称作"世纪老人"，但一生的丰富内涵，绝非这4个字就能简单概括。

留学德国，开启学术生涯

贝时璋 1903 年 10 月生于浙江省镇海县北乡憩桥。年满 8 岁时，母亲将他送到贝家祠堂里的一个家族学堂去上学，并叮嘱他："要成大器，必须要有文化。"贝时璋一直谨记母亲教诲，学习异常认真。

12 岁时，父亲带贝时璋到武汉汉口，进了德国人办的一所中学——德华学校。在这里，贝时璋熟练掌握了德语，也学习了大量理科方面的知识。

父亲希望贝时璋以后进德国洋行做买办，但少年贝时璋有自己的主意，报考了上海同济医工专门学校（同济大学前身）。1921年夏，18 岁的贝时璋医预科毕业，又在父母支持下留学德国。

此时贝时璋的研究兴趣由医学转向自然科学，在德国，他先进了弗莱堡大学理学院，选修动物学、植物学、物理学、化学、解剖学、病理学等课程。其中，讲授化学、动物学的教授维兰德、施佩曼先后于 1927 年和 1935 年获诺贝尔奖。在这里，贝时璋领略了世界一流科学大师的风采，从此，他开始自觉地站在世界科学高峰观察和思考问题。

1928 年，贝时璋完成了博士论文《醋虫生活周期各阶段及其受实验形态的影响》，获图宾根大学的博士学位。在那个年代，还没有共聚焦或双光子显微镜，贝时璋用的是在今天看来十分落后的

时任中国科学院生物物理研究所所长、中国科学技术大学生物物理系主任贝时璋（左二）正在审查毕业生的毕业论文。（新华社记者顾德华摄，1963年6月15日发）

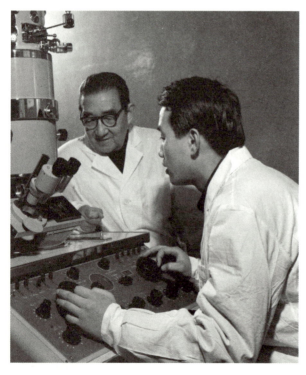

76岁的贝时璋（左）仍然坚持科研工作。（新华社记者杨武敏摄，新华社1979年6月11日发）

光学显微镜。他使用这些显微镜进行观察和手工绘图，论文含80张精细的绘图，每张图都非常逼真。完成这样烦琐的工作，令后人简直难以想象。

这篇论文显示了贝时璋非凡的才华，得到德国生物学界权威人士的赞誉。当年4月，贝时璋毕业，同时被图宾根大学留校，担任动物学系的一名助教。

在德国的学习和工作生涯，让贝时璋掌握了学术思想，也学会了研究方法和实验技术，同时形成自己的作风。学习刻苦、工作细心、谦虚谨慎，这是他原来的本色，而德国教授条理清楚、秩序井然以及多做少说的风格，对他也产生了很大的影响。

为国效力，开创浙大生物系

1929年秋，贝时璋决定回到多灾多难、贫穷落后的祖国，用所学为国效力。

时值浙江大学决定创办生物系，贝时璋被聘为系主任。他先后开设并讲授了普通生物学、普通动物学、组织学、胚胎学、比较解剖学、遗传学、动物生理学等课程，招收研究生后，又开设并讲授了形态发生学和发生生理学。

贝时璋讲课有一绝，他可以右手写板书，左手画图，令人惊叹不已。他讲课一般拿自己绘制的图片，这些图片既标准又精美，堪称艺术品。他的讲课，内容翔实，条理清晰，分析透彻，深入浅出，让学生终生难忘。学生们回忆：听贝老师讲课，是一种享受。

在从事繁重的行政和教学工作同时，贝时璋对研究工作也丝毫没有放松，他漫长一生中重要的研究项目——细胞重建学说，就是在这一时期展开的。

抗战中，浙江大学西迁，条件艰苦，但贝时璋将生物系发扬壮大，将实验室也建设得有模有样。1944 年，英国生物化学家李约瑟等人到贵州湄潭参观浙江大学，特别参观了贝时璋等人的实验室，回到英国后，他发表文章盛赞浙大是"东方的剑桥"。

1948 年，45 岁的贝时璋当选为中央研究院第一届院士，1949 年兼任浙江大学理学院院长。辛勤耕耘 20 年，浙江大学生物学系此时已经名师云集，人才辈出。

新中国成立后，组建中国科学院。贝时璋多次往返于杭州、上海与北京之间，参与了中国科学院生物学方面研究所尤其是实验生物研究所的调整与建立，并于 1950 年调往中国科学院，出任实验生物研究所所长。

此后，贝时璋又奉调担任中国科学院学术秘书，参与筹建中国科学院学部和学部委员遴选工作。1955 年，他本人也被选聘为首批中国科学院学部委员（院士）。

创建生物物理研究所，开辟我国学科交叉先河

几乎每个中国人都听过"两弹一星"，知道这一工程对改变中国命运的非凡意义。"两弹一星"元勋名单里尽管没有贝时璋的名字，但却有着他的杰出贡献。

1958 年，贝时璋中断自己原先的研究，创办了中科院生物物理研究所、中科大生物物理系，使得生物物理专业在我国成为一门独立的生命科学交叉学科。中国也因此成为世界上几个最早拥有生物物理学研究专业的国家之一。

贝时璋为这个研究所制定了"服从国家需要、理论联系实际和赶超世界先进水平"的办所方针，先后组织开拓了放射生物学、宇宙生物学、仿生学、生物工程技术、生物控制论等分支领域，指导了我国核爆炸动物远后期辐射效应研究和我国第一批生物火箭的动物搭载实验等重大研究项目，为我国载人航天事业做出了突出贡献。

1983 年，贝时璋辞去中科院生物物理研究所所长的职务。在这 25 年中，在贝时璋的领导下，生物物理研究所获得长足的发展，研究室从 4 个发展到 11 个，人员从 20 多人发展到 700 多人，完成了我国生物物理学研究领域的许多重大课题。

"老骥伏枥，志在千里。"尽管年事已高，贝时璋仍然思维敏捷，活跃在科研一线。他的学生回忆：每次组会，贝老总是平等

1990 年，87 岁的贝时璋（左）
在指导研究工作。（新华社记者
郑书福摄）

贝时璋。（新华社发）

地与大家一起讨论学术，对于晚辈总是循循善诱，鼓励大家畅所欲言，独立思考。对每个实验结果，不经过反复推敲和验证，他从来不轻易下结论，也决不轻易发表。如果对某个结果有疑问，贝老还要反复查对原始数据。这种追求科学真理、不随波逐流、敢为人先的科学精神，在潜移默化地影响着一代又一代青年科学工作者。

耄耋之年，随着听力的衰退，贝时璋开始与上门求教的来访者用笔交谈，且毫无倦意。2007年元宵节，他的学生去看望他，105岁高龄的贝时璋仍用文字叮嘱学生："不仅要科学，还要学做人。""做人要厚道，做事要认真，做学问要实事求是。"

2009年10月29日，贝时璋在睡梦中仙逝，享年107岁。直到去世前一天，他还邀请了6位科学家，探讨自己的研究设想。"我们要为国家争气"——这是他留给中国科学界的最后嘱托。

参考文献

1. 贝时璋著. 贝时璋文选 [M]. 杭州：浙江科学技术出版社，1992.
2. 梁栋材主编；王书荣，王谷岩副主编. 贝时璋教授与中国生物物理学 [M]. 中国科学院生物物理研究所，1993.
3. 陆伊骊作；陆伊骊译. 清华科史哲丛书 贝时璋与当代中国生物物理 [M]. 北京：商务印书馆，2021.
4. 张坚军著. 贝时璋传 [M]. 宁波：宁波出版社，2002.
5. 阎锡蕴. 得遇良师是人生幸甚之事——怀念贝时璋先生 [J]. 教育家，2020（32）：11-13.
6. 饶子和. 让我们争一口气 [N] 中国科学报，2022.09.06.

1.20元

1912－2008
石油化工学家—侯祥麟

2011-14

CHINA 中国邮政

(4-3)J

侯祥麟

1912.4
—
2008.12

中国炼油技术奠基人

化学工程学家、燃料化工专家

我国炼油技术的奠基人和石油化工技术的开拓者之一

组织领导和指导支持了大量科技攻关

为国家填补了石油石化领域的许多重大科技空白

1955 年被选聘为中国科学院学部委员（院士）

1994 年被选聘为中国工程院院士

> "我知道我所经历的人生道路，也是相当多的中国知识分子走过的路，我的一生无处不打下深刻的时代烙印。"
>
> ——侯祥麟

他是中国炼油技术的奠基人和石油化工技术的开拓者之一，指导支持了大量科技攻关，为国家填补了石油石化领域的许多重大科技空白。

他是公认的石油领域战略科学家，长期组织领导炼油行业的科技发展工作，谋划资源可持续发展，提出许多事关国家科技进步和长远发展的重要建议。

他是侯祥麟，数十年赤心报国，把自己全部的精力和聪明才智贡献给了祖国的石油石化科技事业。

我党最早的"红色科学家"之一

1912 年，侯祥麟在广东汕头出生，是父母的第八个孩子。启蒙于"五四"，求学于战乱……国家存亡、民族大义，一直深深地敲打着侯祥麟年轻的心：国难不赴，枉为丈夫！

在一次化学课上，老师讲原子核中蕴藏着极大的能量，倘能释放出来会有巨大威力。侯祥麟十分很兴奋，幻想着要搞原子能的研究，作为对付侵略者的武器。侯祥麟不知道，这其实是物理的内容，但就是这样的一堂课让他从此迷上了化学，并以化学研究作为终生的事业。

1931 年，侯祥麟考取燕京大学化学系。大学 4 年，侯祥麟不仅勤奋学习专业知识，还选修大量的哲学、经济学、政治学课程，阅读了一批英文版马克思主义著作。毕业后，侯祥麟又考取了中央研究院化学研究所研究生，白天做研究工作，晚上在住所看马列英文原著，心悦诚服地接受了马克思主义并终生信仰。

1937 年年底，侯祥麟辗转来到长沙，被当地轰轰烈烈的抗日救亡活动所感染。在这里，他做出了人生中最重要的决定。1938 年 4 月，侯祥麟秘密加入中国共产党，成为我党最早的"红色科学家"之一，"红色"从此成为他世纪人生的厚重底色。

为便于工作，组织两次安排他加入国民党做地下工作，侯祥麟欣然应允。侯祥麟按照党的指示，到国民党化学兵部队干部训练

1935 年侯祥麟在北平燕京大学毕业时的照片。
（新华社发）

班任化学教官并随部队转战迁徙大西南。他以侯波的名义加入了国民党，以教授化学毒气等课程为掩护，秘密从事地下党的工作。

1940 年侯祥麟到重庆西南运输处炼油厂任工程师，那时汽油等急需液体燃料供应十分紧张。无油可炼，侯祥麟便就从菜籽油里炼制柴油，用煤干馏制取人造石油；燃料不足，他便设计出精馏塔，从白酒中提炼酒精……

抗日战争胜利前夕，为建立自己的科技干部队伍，党中央指示派遣一批技术干部到国外深造。侯祥麟通过了国民政府的自费出国留学考试，1944 年 12 月，在党组织支持下，侯祥麟留学美国。

从 1945 年到 1948 年，侯祥麟先后在美国匹兹堡卡内基理工学院化工系取得硕士、博士学位，并于 1949 年到波士顿麻省理工学院化工系燃料研究室任副研究员。留学期间，他始终不忘求学的初心——学习先进技术为祖国服务。同时，他接受党组织的任务，发起"留美中国科学工作者协会"，担任协会的常务干事，动员在美留学生回国工作，支持新中国的建设。

"我出去的目的就是为了回国！"1950 年，侯祥麟自己也回到了百废待兴的祖国，开启建设新中国的新征程。

1949 年侯祥麟在美国麻省理工学院工作时留影。（新华社发）

开创新中国炼油科技研究事业

刚回国的侯祥麟看到国家液体燃料严重短缺状况，认为中国煤多油少，应尽快发展人造石油（煤炼油和页岩炼油）的研究和生产。他和同事一起，在清华大学开展水煤气合成碳化物催化剂、煤的低温干馏、页岩油精制、降凝剂的合成等课题研究。

1954 年，侯祥麟奉调到石油管理总局炼油处任主任工程师。1955 年当选为中国科学院首批学部委员（院士）。1956 年改任石油工业部技术司副司长，兼任国家科委石油炼制、可燃矿物综合利用等专业组副组长。在此期间，他参加了国务院组织的国家1956—1967 年科技发展规划的制定，是第 18 项任务《扩大液体燃料和润滑剂来源》的负责人和执笔者之一。

20 世纪 50 年代，我国军用和民航所用航空煤油一直靠进口，50 年代末航空煤油进口锐减，全国"油荒"蔓延。当时石油部部长曾沉重地说："搞不出航空煤油来，我们过天安门得低着头啊。"

形势紧迫，侯祥麟组织起研究力量，亲自带领科研人员不分黑夜白昼攻关，哪怕除夕夜也是在实验室里度过。他们不断分析、总结、再尝试、再探索，经过了不计其数的失败，终于找到了航空煤油烧蚀问题的原因，又一鼓作气研制出了用于解决这一问题的添加剂配方，终于攻克了生产航空煤油这个技术难题。

试验取得成功后，侯祥麟指导生产厂在 1961 年生产出合格的航空煤油，并于 1962 年正式供应中国民航和空军部队。

1959 年，为配合我国原子弹、导弹和新型喷气式飞机的研制任务，侯祥麟又承担了制造特殊润滑油的紧急任务。虽然资料匮乏、技术力量薄弱，随时面临中毒和爆炸的威胁，但侯祥麟咬紧牙关，毫不松懈地带领大家反复研究实验，终于在 1964 年生产出合格的全氟润滑油，确保了原子弹的爆炸成功，也使我国成为世界上仅有的几个能生产全氟碳油的国家之一。

此外，侯祥麟还组织攻关了催化裂化、催化重整、延迟焦化、尿素脱蜡和主要催化剂、添加剂等被称为"五朵金花"的炼油新技术。到 1965 年年底，"五朵金花"先后开发成功并实现工业化应用，使中国的炼油技术接近当时世界先进水平，奠定了中国现代炼油技术发展的基础。

不变的信仰，不懈的人生

"让中国石油走向世界，让世界了解中国石油。"侯祥麟心系祖国，目光投向全球。

20 世纪 70 年代末，我国原油产量跨过了一亿吨大关。然而，炼油、石油化工、塑料、合成纤维等关联企业，分属石油部、化工部、纺织部等多家管理。"这些企业都以石油为原料，不搞综合利

侯祥麟在家中查阅资料。（新华社记者陈建力 2005 年 8 月 25 日摄）

用，怎么得了？"侯祥麟心急如焚：旧格局不打破，石油化工难谋大发展。

1978 年，66 岁的侯祥麟被任命为石油工业部副部长，他开始推动调整国家石油战略，以应对国际能源危机。凭借多年科研攻关和实践积累的经验，他提出了"把大型的炼油厂和以石油为原料的化工厂实行统一指挥、统一销售、统一外贸，同时加强原油深度加工"的思路。

受托于中国科协，侯祥麟以中国石油学会理事长名义，主持百余人论证，写出《关于合理利用一亿吨原油的若干建议》，受到国务院领导的重视。此后，侯祥麟又与有关专家酝酿，将石油、化工、纺织三大领域合为一体。

1981 年，在侯祥麟等人的推动下，国务院批准将原来分属各部、各地的 8 家企业联合，组建上海高桥石化公司，首开资源整合风气之先。两年后，党中央、国务院批准成立中国石油化工总公司，由侯祥麟兼任总公司技术经济顾问委员会首席顾问。

本该颐养天年的时候，侯祥麟仍没有停歇。晚年的他，还组织负责了"中国可持续发展油气资源战略研究"工作，91 岁时，他率领 31 位院士和 86 位学者组成 7 个专题组，历经一年多时间调研，分析我国和世界油气资源的现状及供需发展趋势，提出了我国油气可持续发展的总体战略、指导原则、战略措施和政策建议，为中央决策提供了重要依据。

2008 年 12 月，侯祥麟在北京逝世，享年 96 岁。

他曾经这样回顾自己的一生："作为一个中国人，我为今天的中国感到骄傲；作为一名有着 60 多年党龄的中国共产党党员，我对我的政治信仰始终不悔；作为新中国的科学家，我对科学的力量从不怀疑，我为自己一生所从事的科学工作感到欣慰。"

"我深感国家的命运就是我们个人的命运。"侯祥麟这样说。

参考文献

1. 侯祥麟著 . 侯祥麟自述：我与石油有缘 [M]. 北京：石油工业出版社，2001.

2. 陈贵信 . 中国炼油与石化科技事业的奠基人——侯祥麟 [J]. 中国科技史料，1999（01）：35-47.

3. 王志明，陈金国 . 石油泰斗——记中国科学院、中国工程院资深院士侯祥麟 [J]. 中国石油企业，2005（07）：109-113.

4. 秦岭 . 侯祥麟：我为祖国炼石油 [J]. 群言，2020（06）：40-42.

5. 方守贤主编 . 雏鹰之志 [M]. 北京：科学普及出版社，2014.

6. 周文业，史际平，周广业，陶中源，胡健康编著 . 清华名师风采工科卷 [M]. 济南：山东画报出版社，2012.

1913-1992
核物理学家—钱三强
2011-14
CHINA 中国邮政
(4-4)J

钱三强

1913.10
—
1992.6

中国原子能科学事业奠基人

核物理学家、"两弹一星"功勋奖章获得者

我国原子能科学事业的创始人之一

曾任中国科学院原子能研究所所长、副院长

为我国原子能事业"排兵布阵"

1955 年被选聘为中国科学院学部委员(院士)

> "古往今来，能成就事业，对人类有作为的，无一不是脚踏实地攀登的结果。"
>
> ——钱三强

钱三强，著名的核物理学家，也是我国原子能科学事业的创始人之一。"两弹一星功勋奖章"的 23 位获得者中，过半由他动员回国。

我国第一颗原子弹和氢弹分别爆炸成功后，国外不少媒体将钱三强誉为"中国核弹之父"，以此形容他在我国原子能事业发展中的作用，但钱三强本人从不接受这样的称号。

他愿意将自己比作"卵石"和"砂砾"——"我作为一名科技工作者，为能把自己化作卵石、化作砂砾，铺在千军万马去夺取胜利的征途上，感到高兴和欣慰！"

但大家公认：钱三强在我国原子能事业的创建与发展中，有独特的贡献，起到了别人所起不到的作用。

在法国获科学殊荣

1913 年 10 月 16 日，钱三强诞生在浙江绍兴一个书香世家，他的父亲是中国现代著名的语言文字学家钱玄同。受家庭教育环境的熏陶，钱三强从小品学兼优，身体强健，全面发展。

1930 年，17 岁的钱三强以优异的成绩被北京大学理学院录取为预科生。在多次听了清华大学物理系几位教授在北大的授课后，钱三强萌生了考清华大学物理系的念头。1932 年，钱三强毅然放弃北大预科和本科三年学历，考入清华物理系重读一年级，师从叶企孙、吴有训、赵忠尧等教授。

1936 年，钱三强以优异成绩毕业后，担任北平研究院物理研究所所长严济慈的助理，从事分子光谱方面的研究。在这期间，钱三强参加了中法教育基金委员会组织的考试，成功获得前往法国巴黎大学居里实验室学习的机会。

对于一个刚迈出学校大门、充满幻想的科学青年，这是人生的又一个转折点：巴黎大学居里实验室是当时世界上原子科学研究最先进的机构之一，而指导钱三强从事研究工作的导师，将是诺贝尔奖得主、发现放射性元素的约里奥·居里夫妇。

青年时期的钱三强在实验室的留影。 新华社发

1937 年抵达巴黎后，钱三强终日往返于住处、实验室和图书馆"三点一线"之间。他的聪慧和实干，深得约里奥·居里夫妇的赞赏。在居里实验室的前八年中，钱三强获得了原子核物理学和放射化学的基础知识，积累了科学工作的经验，掌握了各种类型的探测技术、实验技巧和理论分析能力，逐步成长为能够独立进行前沿研究的科学工作者。

1946 年 4 月 8 日，钱三强与清华同班同学何泽慧在巴黎结婚。同年，钱三强与何泽慧合作发现了铀核裂变的新方式——三分裂和四分裂现象，引发了世界核物理研究领域的一次震动。

卓越的研究能力和研究成果，让钱三强获得了许多非法国籍学者难得享有的待遇和荣誉。1946 年年底，钱三强荣获亨利·德帕维尔物理学奖，这是法国科学院用以奖励科学领域杰出工作的主要奖项之一。1947 年夏，34 岁的钱三强升任法国国家科学研究中心研究导师，这是当时外国学者极少能获得的学术高职。

然而，就在周围的人认为钱三强将长期留在法国工作的时候，他和夫人毅然决定回国。他清楚地知道，回到此时仍贫穷落后的中国，恐怕很难在学术研究上有所作为，但他更清楚的是：虽然科学没有国界，科学家却是有祖国的。"祖国再穷，是自己的，而且正因她贫穷落后，更需要我们去努力改变她的面貌。"

1948 年春，钱三强放弃法国优越的生活回到祖国，此次以后，为中国的原子能事业倾注了全部心血。

1948 年夏，钱三强和世界著名物理学家约里奥·居里夫妇在一起。
新华社发

为中国原子能事业"排兵布阵"

新中国诞生一个月后，钱三强参与创建的中国科学院成立了。钱三强被任命为中国科学院计划局副局长兼近代物理所（后改名原子能研究所）副所长。

事业初创，开展科研工作的条件极其简陋。钱三强与王淦昌、彭桓武依靠和团结当时为数不多的科学工作者，发扬"自己动手，丰衣足食"的延安精神，群策群力，先研制有关仪器设备，后开展科研工作。他们还到北京、上海的旧货市场寻找一切可用的旧五金器材、旧电子元器件，为科研服务。

"知人善任"是很多科学家对钱三强的共同评价。

20 世纪 50 年代末 60 年代初，对于中国的原子能事业来说，是一个卡脖子的年代。二机部主管科技干部的负责人在总结那段历史时写道：在组织核武器研制阶段，是三强同志点名提出调哪些专家来参加核武器哪个方面的研制较为合适的意见，如王淦昌、彭桓武、朱光亚、邓稼先、周光召、于敏等，都是由他提出并经领导同意后调到九局去的。在核燃料生产、研究和实验过程中，急需化学分析和化工专家，又是他提出请调吴征铠和汪德熙同志的。全国各大学设置原子能专业，也是钱三强同志积极倡议，部领导大力支持而建起来的。

由钱三强"点将"的名单还很长，如郭永怀、程开甲、黄祖洽、王承书、吕敏、陆祖荫、王方定、钱皋韵等。因此开国上将、二机部原部长宋任穷1993年感慨地说："钱三强同志在我国原子能事业创建与发展中，有独特的贡献，起到了别人起不到的作用。"

曾有人称，在钱三强的领导下，培养出一大批人才的原子能研究所是"满门忠孝"。在国家表彰的23位"两弹一星"功勋科学家中，有15人由钱三强动员回国，其中7人由他直接推荐到核武器研制一线。

从1959年起的6年中，原子能所共向全国输送科技人员914人；该所还为二机部所属各院所、厂培训科技人员达1706人。这些人员后来大多成为发展中国原子能事业的中坚。据曾当过钱三强16年秘书的葛能全介绍，根据其2000年所作的统计，曾经在钱三强领导的研究所工作过，做出了重要成就和突出贡献而当选为中国科学院院士或中国工程院院士的科学技术专家，就有44人之多。

赤子之心，功成不居

在很多当年的下属看来，钱三强从不以领导者自居，没有官气，总是以同志、朋友的身份与人相处，为人热情，到哪里都让人感到温暖。

早在20世纪50年代，钱三强就先于其他回国科学家入了党，当了部级领导，又多有建树和社会影响，人们以为对他特殊一点理所当然，而钱三强不这么看待自己。在党内，他自始至终做一名普通党员。

他曾自述：入党是人生的重大转折。此后几十年中，无论风雨沧桑，即使在被停止了党籍的非常岁月里，他最放在心上的，依然是如何符合党员称号，做一名合格的党员。

如果说平易近人是钱三强的一面，那么，"心热口直、刚正不阿"的书生意气则是其鲜明性格特征的另一面。张劲夫曾回忆，钱三强和人谈话，在会议上发表意见，非常直率，内心有什么就说什么。他遇事独立思考，不赶表面潮流，坚持实事求是的科学态度。"他始终保持正直学者的本色。"

对于不合理的事，即使是一时的强大潮流，钱三强也不愿苟同。在20世纪50年代末，钱三强宁肯承受压力，坚持不盲目提高指标，因而被认为是保守的。而对于党中央的正确决策，如周恩来、陈毅、聂荣臻1962年对科学工作的指示，却不顾巨大的压力，奔走呼号，积极贯彻。

这种刚直的性格，使钱三强在某一时期受到一些不公正的待遇，但他从未放弃自己的立场，也没有停止兢兢业业工作，他对祖国的赤子之心从未改变。早在1959年3月，他就写报告主动请求停止享受每月100元的学部委员津贴，1971年7月他恢复组织生活起，又每月自愿交党费100元。在钱三强看来，自己应该为国

1978年6月，钱三强（左）在瑞士日内瓦的欧洲核子研究中心参观地下环形隧道。新华社发

1980年7月24日，钱三强在中南海以"科学技术发展的简况"为题讲课。新华社发

家尽可能减少经济负担。

20 世纪 70 年代中期，钱三强恢复工作后一段时间，每天要乘公共汽车上下班。冬天刮风下雪，他身穿长棉袄，颈间系条围巾，头上戴一顶遮耳棉帽，每天往返于中关村和三里河之间。

钱三强的住房是 20 世纪 50 年代初建成的三层专家楼，年深月久，已十分破旧，采光很不好，暖气管子又细又老化，冬天供热上不来。20 世纪 80 年代中期，中科院在中关村盖了几栋大面积的新楼，供给院领导和老科学家居住。本来在向国家主管部门申请建房指标时，特别列出了钱三强住房状况须改善。可是房子盖好后，经过几番动员，钱三强与何泽慧执意不搬进新房。

"看不出他是大科学家，他比普通人还普通。"这是中科院机关许多老人回忆钱三强时发出的感慨。

1992 年 6 月 28 日，钱三强在北京逝世，享年 79 岁。

"光明的中国，让我的生命为你燃烧吧。"这是钱三强的一句名言，也是他一生的真实写照。

参考文献
1. 陈丹、葛能全.《钱三强传》[M]. 中国青年出版社 .2017.
2. 李崇寒."中国核弹之父"钱三强的传奇人生.《国家人文历史》2013 年第 20 期 .
3. 王庆.追忆钱三强.《中国科学报》2013 年 10 月 18 日 .
4. 黄涛.钱三强：我国原子能科学事业的创始人.《学习时报》.2022-06-30.

1.20元

1911—2009
应用力学、航天与系统工程学家—钱学森

中国邮政 CHINA
2011-14

(4-2)J

钱学森

1911.12
—
2009.10

将个人前途与祖国命运紧密联系

我国航天科技事业的先驱和杰出代表

我国近代力学和系统工程理论与应用研究的奠基人和倡导人

在空气动力学、航空工程、喷气推进、工程控制论、

物理力学等技术科学领域做出了开创性贡献

1957 年被增选为中国科学院学部委员（院士）

1994 年被选聘为中国工程院院士

"我的事业在中国，我的成就在中国，我的归宿在中国。"

——钱学森

他曾是闪耀在美国科学界的一颗新星，火箭技术的先驱者和权威专家，麻省理工学院历史上最年轻的终身教授之一，被美国海军次长认定"无论在哪里，都值五个师"。

他又是中国火箭事业从无到有的奠基人，帮助工业和科学资源一度都极其匮乏的共和国取得令人惊叹的科技飞跃，被竞争对手称为"红色中国的首席科学家"。

如果要列举一位中国当代广为人知也备受尊重的科学家，钱学森的名字无疑会浮现在许多人脑海里。沿着钱学森的人生轨迹追寻，我们看到，他始终将个人前途与祖国命运联系在一起。

美国科学界明亮的一颗新星

1935 年，一艘驶向大洋彼岸的邮轮上，青年钱学森眼望浩淼烟波，心中百感交集。

此时的他，通过清华大学赴美公费留学生的选拔考试，即将进修航空学飞机设计专业。钱学森念念不忘生于斯、长于斯的祖国，冀望亿万同胞都能走出苦难，而正因如此，他又要奋力投身于前方的未知世界，尽快从中汲取知识和力量。

美国，加利福尼亚州，一个名叫帕萨迪纳的小镇，钱学森在这里与美国空气动力学泰斗、加利福尼亚州理工学院教授冯·卡门第一次见面。

在冯·卡门的传记中，有这次见面的详细记录："我抬起头来对面前这个身材不高、神情严肃的青年打量了一下，然后向他提了几个问题。所有问题他回答得都异常正确。顷刻之间，我就为他的才思敏捷所打动……"

钱学森成为冯·卡门的学生，从麻省理工学院转到加利福尼亚州理工学院攻读博士学位。以严厉著称的冯·卡门对他赞许有加，在几十年后出版的自传中，冯·卡门单独辟出一章讲述他和钱学森的交往经历，对这个很有想象力、数学资质极高的学生念念不忘。

在 20 世纪 30 年代末到 40 年代中期，钱学森参与了多项美国军方机密工作，包括前往德国探究 V-1 和 V-2 火箭的秘密，从事美国最早的探空火箭研制等。为美国导弹发展规划了未来半个世纪蓝图的著名报告《迈向新高度》，9卷中有5卷出自钱学森之手，详细分析论证了超音速飞行、洲际导弹和人造地球卫星发射的可行性。

1945年，钱学森受到美国总统罗斯福接见。两年后，他重返麻省理工学院，在35岁时成为该学院历史上最年轻的终身教授之一。1949年年末，在美国火箭协会年会上，钱学森受邀做报告，他描述了洲际运输火箭的设想，并展示了一幅设计草图，成为大会的焦点，《纽约时报》和《时代》杂志分别刊载长篇报道介绍了他的科学创想。

钱学森声名鹊起，成为美国科学界明亮的一颗新星。越来越多人相信，在迅猛发展的火箭项目中，钱学森一定会扮演更重要作用，有朝一日，他将和其他科学家一道将人类送往太空。

有什么个人利益不能丢呢？

异乡一帆风顺的工作和生活，没有让钱学森稍许淡忘了祖国。1949年，他收到了一封来自国内的信：全国解放在即，东北、华北早已安定下来了，正在积极地恢复，建立各种工业，航空工业也在着手，希望您能很快地回到国内。

新中国的崭新气象深深地吸引着钱学森，他决心回国。但此时风云突变。他被美国联邦调查局的特工约谈，海关扣留了他准备托运回国的8只大木箱，随后，钱学森一家在洛杉矶机场被移民局官员拦截，他被美国当局以"企图运输秘密科学文件"的莫须有罪名逮捕，关押了15天。在这15天里，钱学森的体重轻了15公斤。

这一切遭遇，或许可以用当时美国海军次长金贝尔的话来解释："钱学森掌握着火箭武器的重大机密，他抵得上5个师的兵力。"

软禁、监视，每个月必须要到当地移民局报到，平日里邮件被人拆开，甚至有陌生人擅自闯入家中——长达5年的时间里，归期变得遥遥无期。

对于监视下生活的那些日子，出生于1948年的儿子钱永刚还有记忆。"有一次，爸爸好不容易答应带我和妹妹出门玩，结果沿着马路转了几圈又回来了。我刚想埋怨爸爸，发现他脸色很难看，什么也不敢说了。"钱永刚回忆。

那些年里，钱学森一边等待，一边牵挂祖国。学生郑哲敏先于他启程回国，分别时，钱学森再三交待说："你回去以后，国家让你干什么就干什么，不要挑剔高低好坏。"

"前途不明也要回国，国家一穷二白也要回国，国家需要什么就做什么，这就是钱先生朴素的爱国主义情感。"郑哲敏回忆。

终于，1955年夏天，经过中美双方艰难的谈判，美国当局同意让钱学森回国。他马上开始收拾行装。许多朋友闻讯赶来，劝

1955 年，钱学森一家冲破重重阻力从美国回到祖国。新华社照片

他留下来，劝他想一想美国良好的研究和生活条件，但钱学森不为所动。

这一年9月17日，钱学森全家登上"克利夫兰总统号"邮轮，启程回国。火箭专家返回"红色中国"，成为了一时轰动美国媒体的新闻。许多年后，一位老华侨回忆起她当年与钱学森在轮船码头的一席谈话，那正是在钱学森回国的途中。

"您为什么想回到中国？"华侨问。

"我想为仍然贫穷困苦的中国人民服务，我想帮助在战争中被破坏的祖国重建，我相信我能帮助我的祖国。"钱学森回答。

"您离开美国困难吗？"

"是的，美国政府设置了太多的条件，他们不允许我带走我的书和笔记，但是，我将尽最大努力恢复它们。"

经过一个多月的海上风浪颠簸，钱学森回到新中国，他决心为自己的祖国奉献平生所学。

"我为什么要走回归祖国这条道路？我认为道理很简单。"多年以后回想那一刻，钱学森这样说，"革命先烈为兴邦，为了炎黄子孙的强国梦，献出了宝贵的生命，血沃中华热土。我个人作为炎黄子孙的一员，只能追随先烈的足迹，在千万般艰险中，探索追求，不顾及其他。"

他接着说道："再看看共和国的缔造者和建设者们，在百废待兴的贫瘠土地上，顶住国内的贫穷、国外的封锁，经过多少个风风雨雨的春秋，让一个社会主义新中国屹立于世界东方。想到这些，还有什么个人利益不能丢呢？"

与祖国共命运

从海外回到中国，钱学森放弃的，不仅是优越的生活。

他一生的兴趣和长处是科学理论的研究与创新，而非工程实践。但面对国家使命，钱学森毅然担当起工程执行者的角色。

脱下西服，换上中山装，钱学森马不停蹄，到处考察，尽快熟悉祖国的情况。在哈尔滨军事工程学院，时任中国人民解放军副总参谋长的陈赓大将特意坐飞机赶来与他见面。将军问钱学森：中国人搞导弹行不行？

钱学森的回答很干脆：中国人怎么不行？外国人能搞的难道中国人不能搞？中国人比他们矮一截儿？

钱学森为发展我国导弹事业提儿出了长远规划。他受命组建我国第一个火箭研究院——国防部第五研究院，并出任院长。成立仪式一结束，钱学森就向100多名大学毕业生开讲《导弹概论》。在当时的中国，导弹研究方面还是一张白纸，钱学森是为数不多的掌握火箭知识的科学家。

"那个时候，除了院长，谁也不知道导弹究竟是个什么样的东

钱学森获得 1956 年度科学奖金一等奖。 新华社牛畏予摄

1964 年，时任中国科学院力学研究所所长、中国科学技术大学化学物理系教授钱学森在课后给同学们解答问题。新华社照片

西。"后来担任神舟飞船总设计师戚发轫回忆,"我们想,这么大的科学家怎么给我们上启蒙课啊?钱老说,搞航天不是靠一两个人就能搞起来,而是需要一大批人才。"

若干年后,"导弹扫盲班"里的大学生们成为中国航天的领军人物。

在总政排练场礼堂,钱学森还曾连开了三天讲座。"紧锣密鼓的气氛"——这是曾在那里听过演讲的人记忆深刻的印象。钱学森的回国,带来了火箭旋风、导弹旋风。不久,钱学森又受邀在中南海向党和国家的高层领导人作讲座。

1964年6月,"东风二号"导弹顺利发射,这是我国完全自行设计研制的第一颗中近程导弹;1966年10月,罗布泊的巨响震动了全世界——我国拥有了真正的核武器;1970年4月,我国第一颗人造地球卫星"东方红一号"升空……

"一个工业和科学资源都极其贫困的国家,居然能取得如此辉煌的技术和军事成就,简直令人惊叹。"国外一直关注中国"两弹"进展的专家评论。

在接受美国"60分钟"电视节目专访时,曾参与曼哈顿计划的拉尔夫·莱波被问及钱学森在中国核武器和导弹研制计划中扮演的角色,莱波回答道:"就中国目前以及未来的成就来看,我都会将之归功于钱学森的带领。"

作为组织领导者,钱学森参与了中国第一枚近程导弹、第一枚中程导弹、导弹核武器、第一颗人造卫星、第一颗返回式人造卫星和第一枚远程运载火箭的研制和发射。而他的《工程控制论》，被认为是现代科学研究、现代科技管理及经济管理所必须遵循的理论依据。

"钱学森当时如果不能回国，我们也会发展导弹、原子弹这些尖端技术，但绝对不会这么快！"曾经与钱学森一起共事的梁思礼院士说。

2009年深秋，一场早到的大雪将整个北京城银装素裹。京西阜成路8号航天大院里，那栋年代久远的红砖小楼，在风雪中更显肃穆。自20世纪50年代回国后，钱学森一直生活在这里。此刻，花篮和花圈在楼前齐列，松柏被白雪压得微微弯腰，仿佛在向刚刚逝去的这位备受敬仰的老人致哀。

一个月前庆祝新中国成立的60声礼炮响，似乎仍在首都上空回荡，先进型号的导弹整齐列装，伴随着昂扬的乐声缓缓驶过天安门广场，电视机前的亿万观众，无不将之视为一个东方古国重新屹立的象征。

在这段波澜壮阔的历史中，钱学森的身影，永远不会被忽略。

1986 年，钱学森在接受采访。 新华社照片，杨武敏摄

参考文献

1. 叶永烈. 钱学森传 [M]. 上海交通大学出版社 ,2010.

2. 张纯如. 蚕丝：钱学森传 [M]. 中信出版社 ,2011.

3. 我国著名科学家钱学森 31 日在北京逝世. 新华社北京 2009 年 10 月 31 日电.

4. 李清华、白瑞雪. 大师的遗产——记人民科学家钱学森的生前身后事. 新华社北京 2009 年 11 月 10 日电.

5. 倪思洁. "百岁"院士郑哲敏留下的"爆炸传奇".《中国科学报》，2024- 10- 28.

6. 戚发轫. 戚发轫忆钱学森.《太空探索》[J]，2010 年 10 期.

邓稼先

1924.6
—
1986.7

为中国核武器研制奉献终身

核物理学家

中国科学院学部委员（院士）

我国核武器理论研究工作的奠基者之一

从原子弹、氢弹原理的突破和试验成功及其武器化

到新型核武器的重大原理突破和研制试验

均做出了重大贡献

> "假如生命终结后可以再生，那么，我仍然选择中国，选择核事业。"
>
> —— 邓稼先

在"两弹一星"元勋中，邓稼先是我国核武器研制与发展的主要组织者、领导者，他始终在核武器制造第一线，领导了许多学者和技术人员，成功地设计了我国原子弹和氢弹，把我国国防自卫武器引领到世界先进水平。

由于受到放射性物质的损害，邓稼先的健康和寿命受到严重影响，去世时仅 62 岁。即便在生命的最后时刻，他仍念念不忘我国的核事业发展，向中央提出一份影响深远的建议书。

他年轻时的挚友杨振宁，在他去世后有过这样一个评价："邓稼先是中国几千年传统文化所孕育出来的有最高奉献精神的儿子。"

为建设祖国而探索科学奥秘

1924 年 6 月，邓稼先出生于安徽怀宁县一个书香门第。因为父亲邓以蛰同时任清华大学、北京大学的哲学教授，邓稼先 8 个月大时被抱到北平，从此在北平度过少年时期。

1941 年，邓稼先考入西南联合大学物理系。抗战时期，条件极其艰苦，学生宿舍是土墙茅草顶，房间透风又进雨，40 个人挤在一大间屋子里。但物质环境的困苦不算什么，邓稼先埋头用功，不断用学习充实自己的大脑。

与此同时，他阅读进步报刊，与志同道合的同学们热烈讨论该如何救国，世界观也逐步完成飞跃。他热爱自己的国家，立志要将自己的一切贡献于祖国，而建设国家需要人才，青年邓稼先认真考虑后，决定进一步积累学识，用科学报国。

1948 年，邓稼先漂洋过海来到美国普渡大学，攻读物理学博士学位。能到这样一所高等学府，学习当时处于国际上发展前沿的核物理，是一个极为难得的机会，邓稼先拼命钻研，不肯松懈。当初在西南联大读书时，功课底子打得扎实，他就把自己从过去底子很厚的那些课程上挤出的时间，当作最宝贵的财富，全部用到钻研物理学发展前沿的新成果上。只用了一年零十一个月的时间，邓稼先便读满了学分并完成论文，顺利获得博士学位。

时值 1950 年 8 月，虽然导师有意带他到英国继续深入学术研究，让他有机会站到物理学发展前沿去不断摘取科学桂冠，但邓稼先迫切地希望回国参加新中国的建设。他谢绝导师的好意，带着沉甸甸的书籍杂志，在获得博士学位后第九天就登上轮船，奔向祖国母亲的怀抱。

归国不久，邓稼先被安排到中国科学院近代物理研究所工作，这个研究所后来改称原子能研究所。他在这里大约工作了八年，如果说参加原子弹研究是邓稼先事业上的腾飞，那么这一段时光就是腾飞前在跑道上的滑行。

其时，原子核物理在我国还是一片空白。就在这一片空白地上，邓稼先在彭桓武教授的领导下，与一批青年伙伴辛勤耕耘，他单独或分别与于敏、何祚庥、徐建铭等合作，相继发表一系列重要论文，为我国原子核理论研究做了开拓性的工作。

在这期间，邓稼先还被挑选去兼任中国科学院数理化学部的副学术秘书，协助学术秘书钱三强和副院长吴有训工作。虽然主要工作限于学术方面，但毕竟要和各种脾气不同的科学家打交道，这使他从中得到了政治和联系群众方面的锻炼，无形中为他以后做科研组织领导工作准备了条件。

出色的核武器研制工作领导人

1958 年，邓稼先 34 岁，人生道路发生了一次重大转折，给他

邓稼先和夫人许鹿希合影。 新华社照片

的事业、家庭以至个人寿命长度都带来巨大影响。引起这个转折的决定因素，是国家形势的需要，换句话说，国家的命运直接决定了邓稼先的命运。

在邓稼先的传记里，妻子许鹿希记录下两人的对话：

"我要调动工作了。"

"调到哪里呢？"

"这不知道。"

"干什么呢？"

"不知道，也不能说。"

"那么，到了新的工作地方，给我来一封信，告诉我回信的信箱，行吧？"

"大概这些也都不行吧？"

接着是一阵难耐的沉默。妻子似乎听到邓稼先克制自己情绪的略微有些急促的呼吸声。他终于又开了口："我今后恐怕照顾不了这个家了，这些全靠你了。"

隔了一会儿，他突然用完全不同的语气坚定而自信地说："我的生命就献给未来的工作了。做好了这件事，我这一生就过得很有意义，就是为它死了也值得。"

邓稼先明白，搞原子弹研制工作，就必须从此隐姓埋名，但他以高涨的热情接受这份新工作，这是他的品格和终生的追求所决定的。立志报效国家，就是邓稼先的一切。

中国研制原子弹起步的时候，无论是工业水平，还是人才积累，与美国相比有巨大的差距。没有任何外援，一切都得靠中国人自己去解决，担任中国原子弹理论设计总负责人的邓稼先，身上担子有多重，可想而知。

从入门补课开始，到分组讨论，再到反复推导和数值计算……夜以继日，邓稼先带领着一群年轻人，以他们的智慧、勤奋和无私奉献的精神，经过三年努力，终于叩开了原子弹理论设计的大门。

1964年10月16日下午，邓稼先和他的同事们几年的心血终于没有白费，在新疆罗布泊，一声巨大的轰鸣后，所有在场的人们都看到了烟云形成的蘑菇状的大火球，顿时欢呼雀跃——我国终于成功爆炸了第一颗原子弹！

邓稼先热泪盈眶，付出的一切终于获得了回报。苏联人曾说"中国人20年也搞不出原子弹"，包括美国中央情报局在内的有些美国人也断定中国人不可能这么快搞成原子弹。直到后来美国人捕捉到核试验后的云尘，经过测试和分析之后，才信服中国的第一颗原子弹比美国投在日本广岛的原子弹设计得更加完善，威力也更为巨大。

第一颗原子弹爆炸成功后，邓稼先率领研究人员在试验后迅速进入爆炸现场采样。不久，邓稼先又和于敏等人投入到对氢弹的研制当中，他们联手提出"邓—于方案"，根据这一方案，仅用了2年零8个月的时间，他们又成功研制出了氢弹。

时隔多年，杨振宁盛赞中国选择邓稼先去研制原子弹是一个英

1974 年，黄昆、邓稼先、黄宛、周光召、杨振宁（从左至右）游览北京颐和园时合影。（资料照片）

明的决策:"邓稼先是一个很聪明的人。不过,我想他的最重要的特点是他的诚恳的态度,跟他的不懈的精神,以及他对中国的赤诚的要贡献他的一切的这个观念。"

生命最后的时光仍为祖国事业

在邓稼先和他的战友们数年的努力之下,中国的核工业创建和核武器研制取得了巨大的成功,但邓稼先却为此付出了巨大代价。

核弹制成后,准备做试验之前,要有一个负责人签上自己的名字,这是对祖国负责的签字,非同一般。这副千钧重担,往往由邓稼先来担。原理方面一点漏洞都没有了吗?几十万个数字的计算是否都准确?那么多的零部件是否都合乎指标要求?材料性能怎么样……一连串的问题搅动着签字者的心。邓稼先在每次核爆签字后,都曾有一小段时间全身冰凉,他曾开玩笑似的说过:签字以后,好比把脑袋别在裤腰带上了。

他们的工作要求不能出任何一点纰漏。邓稼先常对人说:在我们这里没有小问题,任何一件小事都是大事情。小问题如果解决不好,就会酿成大祸。但日复一日,年复一年的紧张工作,像一块磨石一样,一分一厘地损毁着邓稼先原本强壮的身体。

更致命的还有核辐射对人体带来的巨大伤害。

邓稼先资料照片。 新华社发

一次偶然的事故中，核弹没有按预想在试验中爆炸，邓稼先急切地向着危险地区冲了上去。此时的他，想不到别的事情，也顾不得那么多，脑子里只想赶快知道事故的结果。他甚至对同行者大声喊道："你们站住！你们进去也没有用，没有必要！"他认为自己本就应当冲在最前面。

　　极为严重的辐射彻底伤害了邓稼先的身体健康。1980年以后，他衰老得很快，头发白了，工作疲劳也不易消除。1985年，他被确诊为患有直肠癌，而且癌细胞正在加快转移。

　　邓稼先知道自己的生命进入了倒计时，但他还要抢时间，他最关心的就是中国核武器事业的发展。病房成了他的办公室，他和同志们反复商讨，并和于敏二人联合署名写成了一份给中央的关于我国核武器发展的极为重要的建议书，在此后深远地影响了我国的核武器研制事业。

　　1986年7月29日，邓稼先的生命走到了尽头。这位把毕生精力都奉献给了祖国核工业创建和核武器研制事业的科学家，如同蜡烛一般，燃尽了自己。

　　"苟利国家生死以，岂因祸福避趋之"，近代民族英雄林则徐的这句名言放在邓稼先身上再贴切不过了。正是有了许多像邓稼先这样献身国家的伟大科学家，才有了我们今天强大的祖国！

参考文献
1. 许鹿希等.邓稼先传[M].中国青年出版社,2015.
2. 杨振宁.邓稼先.《人民日报》,1993-08-21.
3. 田丰.两弹元勋——邓稼先传[M].长春出版社,2021.

1.20元

空气动力学家 郭永怀 (1909—1968)

CHINA 中国邮政

2014-25　　(6-3)J

郭永怀

1909.4
—
1968.12

"两弹一星"元勋中的烈士

力学家、应用数学家、空气动力学家

中国科学院学部委员（院士）

我国近代力学事业的奠基人之一

为中国核弹、导弹和人造地球卫星实验工作均做出巨大贡献

是 23 位"两弹一星"元勋中唯一获得烈士称号的科学家

> "我们回国主要是为国家培养人才，为国内的科学事业打基础、做铺路人。"
>
> ——郭永怀

原子弹、导弹、人造卫星，合称"两弹一星"，是新中国伟大科技成就的重要象征，也是中华民族屹立世界的一块里程碑。

多少人为此艰苦奋斗，无私奉献。他们之中，有23位最卓越的代表，被隆重地授予"两弹一星"元勋的称号。这23位科学家个个身怀绝学，功勋卓著，是共和国最宝贵的财富，誉之为"国宝"也不为过。

然而，国家这样珍视和保护的宝贝当中，却出现了一位烈士。

郭永怀，一位从美国毅然返回参加新中国建设的世界知名专家，在"两弹"和"一星"工作中同时挑大梁的中国力学奠基人，牺牲时年仅59岁。

为祖国事业献出生命

1968 年 12 月 5 日凌晨，一架飞机匆匆从青海的金银滩基地赶往北京。在离地面 400 多米的时候，飞机突然失去平衡，坠落的时间只有大概不到 10 秒。

郭永怀就在这架飞机上。

出国求学，在美国过上岁月静好的生活，却又毅然回到一穷二白的故土，在筚路蓝缕中建设一个新的中国。在郭永怀生命的最后时刻，他是否会回想起自己一生最重要的几个选择？

和后来成长为新中国科学巨匠的那一批人一样，极为动荡又波澜壮阔的中国近代史，在郭永怀的人生轨迹中留下了深刻印记。这些印记，又深深影响了他的选择。

1960 年 3 月的一天，当时负责组织核武器研制的钱三强突然上门来找郭永怀，两人走进书房，门一关，足足谈了三个小时。

走时两个人都兴奋无比。原来，苏联已经撤走技术专家，中国决定自己搞原子弹。钱学森拍胸脯把郭永怀推荐给钱三强，要他承担自主研发原子弹的力学保障工作。

这次拜访之后，郭永怀的名字和中国原子弹联系到了一起。105 名专家学者组成了一支特殊的队伍，郭永怀负责原子弹的理论探索和研制工作。他和实验物理学家王淦昌、理论物理学家彭桓武一起，组成了中国核武器研究最初的三大支柱。

郭永怀资料照片。 新华社发

几年后，随着核武器研制进入关键阶段，郭永怀和北京的专业研究队伍直接迁往青海的研制基地。爆轰物理实验是突破原子弹技术的重要一环，为了取得满意爆炸模型，郭永怀带领队员反复试验，甚至自己跑到帐篷去搅拌炸药。

1964 年 10 月 16 日，中国第一颗原子弹装置爆炸试验取得圆满成功。

几年后，中国第一颗热核导弹试验到了最后的攻关阶段，为了给热核导弹发射做试验前的最后准备工作，郭永怀再次奔赴青海。

当年 12 月 4 日，在大西北扎根了两个多月的郭永怀，怀揣试验的关键数据赶往北京，踏上了那架有去无返的飞机。

他牺牲的 22 天后，我国第一颗热核导弹成功试爆，实现了氢弹的武器化。

航天巨匠回到祖国

郭永怀和钱学森"师出同门"。二人先后求学于美国加利福尼亚州理工大学，都曾师从有着"航空之父"之称的力学大师冯·卡门。在海外求学和工作的历程中，两位才华横溢的年轻人惺惺相惜，结下了深厚的友谊。

与江南望族中走出的钱学森不同，郭永怀出生于山东一个农民家庭。他自幼聪颖好学，从青岛大学附中一路经由南开大学预科到北京大学学习物理。1938年，中英庚子赔款基金会留学委员会举行了第七届留学生招生考试，在3000多名参考者中，力学专业原本只招一名。考试结果公布，郭永怀与钱伟长、林家翘一起以相同的最高分数同时被录取。

1940年，郭永怀一行赴加拿大的多伦多大学应用数学系学习，仅半年时间就拿下了硕士学位。次年，郭永怀来到加利福尼亚州理工学院，师从世界气体力学大师冯·卡门。

当时，喷气式飞机已经出现，但声障是飞行速度进一步提升的难关。郭永怀选择了这一当时最具挑战性的前沿课题，并在4年后以这项重大研究成果获得博士学位。随后，他受邀前往康奈尔大学航空研究院任教。

在距离康奈尔大学3个街区开外，郭永怀与随后抵达的夫人李佩购置了一幢三层楼带地下室的独栋别墅。郭永怀得以潜心于学术研究，李佩治家井井有条，家里的氛围简朴而有情趣。晚饭后，喝着咖啡，一起听着留声机传出的经典名曲；偶尔开车到附近兜风。随着女儿在这里呱呱坠地，三口之家如同周边居住的大多数大学教授家庭一样，生活幸福，岁月静好。

然而，有一个梦想总是萦绕在郭永怀的心头。午夜梦回，他的思绪常常飘荡至大洋彼岸，回到那片他生于斯长于斯的土地。

1955年夏天，郭永怀在康奈尔大学刚刚晋升为正教授，他决定回国。好友林家翘，后来成为首位当选美国科学院院士的华人，曾专程到他家中讨论回国的利弊，希望他能改变主意。但郭永怀心意已决。据说，当时身在美国的胡适在听闻消息后不禁感慨："连郭永怀这样的人都要回国了，真是人心所向啊！"

在 1957 年 6 月 7 日的《光明日报》上，郭永怀在题为《我为什么回到祖国——写给还留存美国的同学和朋友们》一文中写道：

"这几年来，我国在共产党领导下所获得的辉煌成就，连我们的敌人，也不能不承认。在这样一个千载难逢的时代，我自认为，我作为一个中国人，有责任回到祖国，和人民一道，共同建设我们美丽的山河。"

做"祖国的铺路石子"

北京中关村，中国科学院力学所方方正正的大楼里，三层一直保留着首任副所长郭永怀的办公室。隔壁是力学所首任所长钱学森。早一步归国的钱学森曾数次写信给这个同门师弟："快来快来，我们拼命地欢迎你！"

的确，郭永怀回国后受到热烈欢迎，他也以同样的热情投入工作。一回到祖国，他就和钱学森、钱伟长一起投身于刚组建的力学研究所的科技领导工作，并与钱伟长一起创办了清华大学力

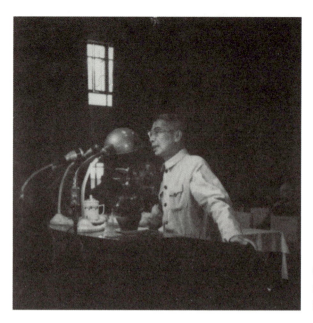

郭永怀在为中国科学技术大学的学生们上课。（资料照片，新华社发）

郭永怀（右一）在解答研究生提出的问题。（资料照片，新华社发）

学研究班。

1957年年底，郭永怀参与制定新中国"科学技术发展十二年规划"，并与力学专家们制定了学科发展规划，开创了我国近代力学事业。次年，郭永怀参与创建的中国科学技术大学成立，为新中国培养了大批不可或缺的尖端科技人才。郭永怀还亲自出任化学物理系首任系主任。

在学生们的印象中，郭永怀身材清瘦，平日里低调寡言，极少有疾言厉色，他喜欢戴着一顶鸭舌帽，走路老低着头，靠着建筑物的围墙走。只要他在中关村，上班的时间总是定数。

郭永怀的学生清晰记得，20世纪中叶第一次见到郭永怀时他说的话："我们这一代，你们及以后的二三代要成为祖国力学事业的铺路石子。"

象牙塔里的平静岁月没有持续太久。1959年，苏联方面突然致函中共中央，拒绝向中国提供原子弹的数学模型和技术资料，后又撤走所有技术和专家，这给刚刚起步的中国核工业带来了意想不到的困难。

郭永怀临危受命，与实验物理学家王淦昌、理论物理学家彭桓武组成了核武器研究最初的三大支柱。在一无图纸、二无资料的情况下，郭永怀领导场外试验委员会，负责进行核武器研制的实验和武器化。

为加快研制步伐，原本集中在北京的科研队伍陆续迁往青海金银滩上的核武器研制基地。金银滩海拔3000多米，最低气温零下40摄氏度，尤其在基地初建阶段，工作和生活的环境恶劣极了。50多岁的郭永怀同其他科研人员一起，喝碱水、住帐篷、睡铁床。他多次深入爆轰试验现场，指导科研人员反复进行环境试验、安全论证等研究。

当年扎根在金银滩的年轻人，很多年后还记得郭永怀的学术报告。小小的会议室挤得满满当当，那天讲的题目与爆轰理论计算有关，大黑板上写满了方程式，郭永怀深入浅出的讲解，让一帮年轻的科研人员受益匪浅。

"我们从事核武器事业，没有人是学这个的，原来就没有这个专业，这是我国开天辟地的事业，你必须一边工作一边学习，来适应这个环境。你不干谁来干？国家需要嘛！你得适应国家的需要。"郭永怀还专门给年轻同志讲怎么对待专业不对口的问题，许多人在这位大科学家的现身说法下转变了认识。

我国第一颗原子弹爆炸成功，第一颗装有核弹头的地地导弹飞行爆炸成功，第一颗氢弹爆炸试验成功……在此期间，郭永怀还参与领导了我国第一颗人造地球卫星"东方红一号"的研制。由于长期从事绝密工作，和家人聚少离多，郭永怀年幼的女儿过生日时向他要礼物，他只好满怀歉意地指着天上的星星说，以后天上会多一颗星星，那就是爸爸送你的礼物。

1956 年，郭永怀（左）与郑哲敏亲切交流。

参考文献

1. 李家春、刘桂菊.永远的郭永怀——纪念郭永怀先生牺牲 50 周年 [M]. 科学出版社，2019.

2. 郭永怀.郭永怀文集 [M]. 科学出版社，2009.

3. 李家春、戴世强.郭永怀传略 [J]. 中国科技史料，1985（01 期）.

4. 金志涛、王士波等.永不陨落的"两弹"之星——共和国"两弹一星"功臣郭永怀追记 [J]. 科学新闻，2000（48 期）.

5. 武佳丽、刘桂菊.郭永怀：用一生践行诺言 [J]，科学新闻，2024（01 期）.

大国丰碑
第六组

1.20 元

核物理学家　王淦昌（1907—1998）

CHINA 中国邮政

2014-25　　(8-1)J

王淦昌

1907.5
—
1998.12

"我愿以身许国"

核物理学家、"两弹一星功勋奖章"获得者

中国科学院学部委员（院士）

我国核武器研制的主要奠基人之一

曾发现世界上第一个荷电负超子——反西格玛负超子

并提出了验证中微子存在的实验方案和

激光惯性约束核聚变概念的雏形

"863"计划的倡议人之一

> "我们不能用钱从国外买来一个现代化，而必须自己艰苦奋斗，才能创造出来。"
>
> ——王淦昌

"我愿以身许国！"

这 6 个字，是"两弹一星"元勋、中国科学院院士王淦昌在参与我国第一颗原子弹研制前对党和国家许下的无悔承诺。

为此，他放弃前景无限的学术研究生涯，义无反顾接受国家赋予的使命，甚至改名"消失"在西北戈壁滩上，中断与外界的联系整整 17 年。

走上科学报国之路

1907 年 5 月 28 日，王淦昌出生在江苏常熟的一户普通人家。1925 年，他考入清华大学，师从叶企孙、吴有训等知名科学家。清华园里自强不息、追寻真理的氛围，令他耳濡目染；前辈大家们严谨研究、孜孜不倦探求知识的精神，点亮了他此后走上科研道路的明灯。

1930 年，王淦昌从清华大学毕业后，考取公费留学名额，赴德国柏林大学继续深造，师从世界著名核物理学家、核裂变理论的奠基人之一梅特纳。在那里，他每天穿着一件粗布工作服泡在实验室里，一丝不苟地做好实验数据。日积月累养成的刻苦、认真、求实的科学作风，对王淦昌未来几十年的研究生涯产生了重要影响。

1934 年，王淦昌顺利获得博士学位。柏林大学的教授赏识他的才能，挽留道："中国那么落后，回去没有前途，到发达的国家更利于你从事研究，要知道，科学家是没有国界的。"但王淦昌义无反顾："科学虽然没有国界，但科学家是有祖国的，我出国留学的目的就是为了更好地报效我的祖国。"

回到祖国后，王淦昌先到位于青岛的国立山东大学物理系任教授，再到浙江大学物理系任教授。抗战期间，浙江大学被迫西迁，落脚贵州湄潭。王淦昌体弱多病，得了肺结核。为了补充营养，妻子买了几只羊，王淦昌每天从家把羊牵出，拴在双修寺外草地

1929 年，王淦昌在清华园。

王淦昌在苏联杜布纳联合原子核研究所（一排右三）。

上，然后走进设在寺内的物理实验室，做完一天的实验，再牵着羊回家。

身居陋室，"羊倌教授"王淦昌却紧紧追踪着世界物理学前沿。1941年，他在国际知名学术刊物《物理评论》上发表《关于探测中微子的建议》，美国物理学家艾伦据此开展了实验，实验名为"王淦昌—艾伦"，此后"接棒"的学者一举成功并因此荣获诺贝尔物理学奖。

新中国成立后，王淦昌的科研才华得以充分发挥。1950年4月，王淦昌受邀来到中国科学院近代物理研究所任研究员，主持宇宙线方面的研究工作。此后又担任近代物理研究所副所长，主持日常工作，为以后的原子能应用以及中国高能粒子物理发展打下了基础。

20世纪50年代初期，有两位苏联科学院院士利用自行设计的一套电子学系统，宣称通过帕米尔高原上的一个宇宙线实验站已发现了十多个新粒子，并命名为"变子"。但王淦昌经过仔细研究，认为这一"重大发现"靠不住，直言提出批评。在当时"一边倒"的政治氛围下，王淦昌敏锐的科学洞察力、追求真理的科学精神，在青年一代物理学家中引起极大震动，也让无数人铭记在心。

1956年，凭借着出色的研究成果，王淦昌代表中国加入苏联杜布纳联合原子核研究所，并率先发现了反西格玛负超子，填补了反物质粒子家族的空白，这一世界级成果轰动了国际物理学界。

隐姓埋名 17 载

如果继续在原来的科研领域工作，王淦昌的学术前景非常远大。有同行认为，他的研究有望冲击诺贝尔奖。

但面对国家利益，王淦昌毫不犹豫地做出抉择。

1961 年，上级有意选派王淦昌参与领导研制战略核武器原子弹。当时，参与原子弹的研制工作是国家的最高机密，且不说不能参加国际学术会议、不能发表论文，甚至还要断绝与许多同事、朋友的联系。

"这件事情要绝对保密，上不告父母，下不告妻儿，一旦投身其间，恐怕就要告别基本粒子研究工作，您意见如何？"

略一沉吟，王淦昌便坚定地回答："我愿以身许国！"

三天后，他孤身一人来到核武器研究所。从此，他的名字变成了"王京"，通信地址变成了信箱代号；他放弃了功成名就的基本粒子研究，改方向为他不熟悉但国家迫切需要的核应用研究。

国际物理学界从此"消失"了一位杰出学者，中国的核武器研制多了一位顶尖的科学家。

早期的爆轰试验在长城脚下进行。王淦昌和其他老一辈科学家带领工作人员，夜以继日地计算数据、开辟试验场地、进行爆炸实验。他从不讲特殊，总是亲临爆炸现场，与大家同甘共苦，抢修实验设备，一起搅拌挥发着有毒气体的药泥……

为了适应大规模实验的要求，试验团队来到条件更加艰苦的大西北。50 多岁的王淦昌是试验基地里年纪最大的科学家之一，但却也是最能吃苦的人之一。为了确保试验顺利，他经常简单吃个馒头喝杯水，一干就是一通宵。为了加快工作进度，他还会亲自到炸药浇铸工号去和工人聊天，为工人鼓劲，工人们都喜欢开玩笑地叫他"王老头"。

我国的原子弹、氢弹试爆成功后，王淦昌依然继续从事地下核试验研究。直到 1978 年，年逾古稀的他才再次公开使用真实姓名。大家这时才恍然大悟，原来那个研究原子弹的老头王京，就是"消失"了 17 年的王淦昌。

活到老，求新到老

1978 年，王淦昌调回北京，任核工业部副部长兼原子能研究所所长。在他直接领导下，我国科研人员先后开展强流电子束惯性约束核聚变和氟化氪激光惯性约束核聚变的基础性研究工作，为后来的惯性约束聚变获取核能做出了开创性工作。

与此同时，王淦昌还积极投入到为民用核工业奔走呼吁中。当时，核工业在民用领域的应用尚不广泛，人们普遍对核有着一定的恐惧心理。作为中国核学会第一届理事长，在王淦昌的领导下，

王淦昌。(新华社记者王辉摄,
1991 年 1 月 10 日发)

中国核学会在全国各地广泛开展核科普工作，为核能综合利用发展营造了良好的社会氛围。

"老骥伏枥，志在千里。"1984年，德国西柏林自由大学授予王淦昌获得博士学位50周年荣誉证书。这个被德国人称为"金博士"的荣誉，是专门为获学位50年后仍站在科学第一线的科学家们设立的。

1986年3月，王淦昌还与王大珩、陈芳允、杨嘉墀联名向中央提出了《关于跟踪研究外国战略性高技术发展的建议》，并由此催生了举世瞩目的战略性高科技发展计划——"863"计划，为中国高技术发展开创了新局面。

1998年12月10日，王淦昌辞世，享年91岁。次年，国家对当年为研制"两弹一星"做出突出贡献的23位科技专家予以表彰，王淦昌位列其中，被追授"两弹一星功勋奖章"。

参考文献

1. 崔纪敏著.王淦昌[M].石家庄：河北教育出版社，2000.12.
2. 常甲辰著.王淦昌[M].贵阳：贵州人民出版社，2005.05.
3. 郭兆甄著.王淦昌传[M].北京：中国青年出版社，2015.02.
4. 李瑞芝等编著.核物理学家王淦昌[M].北京：原子能出版社，1996.05.
5. 本刊综合央视国家记忆报道."我愿以身许国！"——纪念王淦昌诞辰115周年[J].国防科技工业，2022（06）：28-30.

计算机科学家 王选（1937—2006）

1.20元

CHINA 中国邮政

2014-25　　　　(5-6)J

王选

1937.2
—
2006.2

推动我国印刷术进入计算机时代

计算机文字信息处理专家

中国科学院院士、中国工程院院士

计算机汉字激光照排技术创始人

被誉为"当代毕昇"

国家最高科学技术奖获得者

> "一个人必须把自己的事业和前途同国家的前途命运联系在一起，才有可能创造出更大的价值奉献于社会。"
>
> ——王选

计算机诞生以来，一直建立在英文的基础上，键盘就是用来敲击输入字母的。方方正正又数量繁多的汉字，怎么才能进入计算机，并利用新载体实现印刷出版技术的飞跃？

一时间，有语言学家预言："计算机时代是汉字的末日""要想跟上信息时代的步伐，必须要走汉语拼音化的道路"。如果不能迈过这道高高的门槛，传承数千年的汉字将面临被时代抛弃的风险。

关键时刻，王选站了出来。这位有着"当代毕昇"之称的计算机文字信息处理专家，带领团队经过艰难攻关，发明了计算机汉字激光照排技术，实现活字印刷之后的我国第二次印刷技术革命。

到"无人空白区"去耕耘

王选 1937 年出生在上海的一个知识分子家庭。1954 年，怀揣着精忠报国的志向，王选考入北京大学数学系。

当时的北大数学系开设有数学、力学和计算机数学三个专业。其中，计算数学专业是刚刚成立的学科，甚至没有一套像样的教材。但王选觉得：越是古老、成熟的学科，越是完整严密的理论体系，越难以取得新的突破；而新兴学科往往代表着未来，越不成熟，留给人们的创造空间就越广阔。

他下决心选择了计算数学专业。实践证明，这一选择完全正确，为王选今后的科研工作奠定了第一块基石。

1958 年，大学毕业的王选留在了北大无线电系当助教。这段时间里，他一边摸索计算机硬件，一边研究软件开发。到 1961 年，他又做出了人生的一个重要决定：从硬件转向软件，同时不放弃硬件，在"软硬结合"中，研究探讨软件对未来计算机体系结构的影响。

1964 年，王选承担了当时正在进行硬件设计的 DJS 21 机的 ALGOL 60 编译系统研制。那些日子里，他用 90% 的时间从事 ALGOL 60 编译系统研制，另外 10% 的时间研究适合高级语言的计算机体系结构。

研究中，王选不赞成硬件直接执行高级语言的方案，而主张寻找程序运行中的瓶颈，依靠硬件设计提高运行效率。由于他有硬件实践经验，所以很容易想出硬件上的方法来克服这些瓶颈。经过王选与同事们几年的努力，该系统最终研制成功，成为国内较早的高级语言编译系统，被列入中国计算机工业发展史大事记。

王选深切地体会到，跨领域研究是取得创新成果的重要因素，就像控制论发明者维纳说的那句话：在已经建立起来的学科之间的无人空白区上去耕耘，最能取得丰硕成果。

引领汉字印刷技术革命

20 世纪 70 年代，我国印刷业一直沿用着"以火熔铅、以铅铸字"的铅字排版和印刷，不但能源消耗大、劳动强度高，而且出版效率极低。

当时在美国等西方国家，计算机技术的发展突飞猛进，已被应用到印刷出版等多个领域。要使计算机也能高效处理汉字，就要解决汉字的数字化、汉字输入和输出以及字形在计算机中存储等一系列问题。为此，我国设立了"汉字信息处理系统工程"，王选担任其中子项目"汉字精密照排系统"的技术总负责人。

当时，国产计算机的内存仅有 64KB，而汉字那么多，还有各种字体与字号的变化，印刷用汉字字模数多达数十万个。这样一来，制作点阵式汉字字模库，至少要解决高达上百亿字节的信息存储问题，在当时的集成电路加工条件下很难实现。

我们必须将汉字放进计算机！王选不懈努力，终于找到了办法：用轮廓来描述点、撇、捺等不规则笔画，用参数来描述横、竖、折等规则笔画的长宽倾斜度以及各种笔锋，以大幅减少汉字字模的信息量，提高汉字字形的还原质量。

但对于王选的汉字精密照排系统，将汉字放进电脑中只是第一步，更多的困难在后面等着他。1975年5月底，王选写出"全电子照排系统"的建议手稿，提出了跨越式发展第四代汉字激光照排技术的建议。

他力排众议，专心致志攻克激光照排系统，在家养病的时候也不忘查阅资料，了解国外相关的研究状况和发展动向。由于条件艰苦，他很多的资料都是自己亲手抄写。他带领团队苦苦钻研了三千多个日夜，终于研发出激光照排机。

1985年5月，新型"计算机—激光汉字编辑排版系统"（王选后来将其命名为华光Ⅱ型）顺利通过国家经委主持的国家级鉴定，随后新华社的激光照排中间试验工程也顺利通过了国家验收。

经过王选团队的持续技术改良，汉字激光照排系统得到了全面应用，甚至连海外大部分中文期刊应用的都是这套系统。中国的印刷术，从火与铅的时代顺利过渡到了计算机与激光的时代。

"年轻一代务必超越王选"

王选取得了初步成功，但紧接着，更大的挑战又来了。

正值国门初开，海外实力强劲的公司纷纷涌入，其中自然有美、英、日等国研制的照排系统。华光Ⅱ型系统还立足未稳，就已经陷入国际巨头的"围剿"之中。

必须尽快改进、提高技术的实用性，同时降低成本。王选继续夜以继日地钻研实验。1985年11月，华光Ⅲ型系统面世，两年后，又顺利通过了国家鉴定。我们国家自主研制的汉字激光照排系统终于开始了商品化的道路。实践不断证明，中国人研制的汉字激光照排系统不仅价格低廉，其先进性和实用性比起国外公司产品也不见得差。

1988年，华光系统完成一系列的升级改造，整体竞争力明显优于国外同类产品，至此开启了汉字激光照排系统的霸主之路。各大国际公司陆续败北，逐渐退出中国激光照排系统市场。到了20世纪90年代，国产的激光照排系统甚至开始大举进军海外华文报业市场。

王选清楚地知道，在攀登科技高峰的道路上是"九死一生"，哪怕松一口气，都不会有成功。但他并不在意登顶之后的名利。尽管盛誉接踵而至："汉字激光照排之父""当代毕昇"……但王选的名片非常简单，只印着一个头衔：教授。

1994 年，时任北京大学计算机研究所所长王选向来宾介绍高档彩色印刷系统。
新华社记者李明放摄

1995 年 11 月，联合国教科文组织副总干事向"联合国教科文组织科学奖"获
得者王选（右）颁奖。新华社发

1998 年的王选。 新华社记者王呈选摄

功成不居，提携后辈，是王选真诚的选择。1993年的一天，一位年轻的硕士研究生给王选的科研成果挑了个错。王选不仅没有非难，反而自省：自己的创造高峰已过，在计算机等新兴技术领域，年轻人有明显的优势。这一年，王选56岁，他决定退出科研一线，从此全力培养年轻骨干。

在后来的一次演讲中，王选列举了华裔电脑巨头王安、美国巨型计算机之父克雷、当时世界第二大计算机公司DEC总裁奥尔森的例子，警醒大家：在计算机这种新兴领域，人过中年、步入老年时往往会跟不上形势，固执己见，发生技术决策或市场策略方面的重大失误，导致严重损失。

2006年2月13日，这位69岁的老人在北京与世长辞。

"我对国家的前途充满信心，21世纪中叶，中国毕竟成为世界强国。我能够在有生之年，为此做出一点贡献，死而无憾。"王选的遗嘱中这样写道，"年轻一代务必超越王选，走向世界。"

参考文献

1. 文池.在北大听讲座：思想的声音[M].北京：新世界出版社，2006.
2. 王选——当代毕昇的创新与攀登[J].北京大学学报（自然科学版），2022.
3. 丛中笑.王选传[M].北京：科学出版社，2016.
4. 李慧.告别"铅与火"，迎来"光与电"[N].北京科技报，2022-10-17（016）.
5. 方瑞，杨维琼.王选引领中国印刷界的"第二次革命"[J].科学大观园，2019.

大气物理学家 赵九章 (1907—1968)

1.20元

CHINA 中国邮政

2014-25　(16-2)J

赵九章

1907.10
—
1968.10

最是那一抹"东方红"

气象学家、空间物理学家，中国科学院学部委员（院士）

我国现代气象学和空间科学事业的奠基人之一

我国人造卫星事业的倡导者和奠基人之一

被追授"两弹一星功勋奖章"

> "科研要急国家之所急，还要先走一步，为国家长远需要早做准备。"
>
> ——赵九章

中国科学院空间科学与应用研究中心的主楼大厅里，有一尊栩栩如生的半身铜像：赵九章目光坚毅而慈祥，面带微笑凝视着远方。

铜像无言，仿佛把人们带回过去的岁月。赵九章不仅是我国人造卫星事业的主要倡议者和科技方案的主持人，也是我国空间科学的开拓者、空间探测技术的先驱，还是我国现代大气科学的奠基人之一。

从地球表面到大气云层，从浩瀚海洋到茫茫太空，他以毕生精力，在地球物理、气象、海洋、空间科学等诸多领域做出了重要贡献。

为气象事业立下不可磨灭的功勋

赵九章 1907 年出生于河南开封，祖籍浙江吴兴，家族世代行医。因为生日在重阳节，重阳为"双九"，所以父亲给他起名为"九章"。

九章是指古代帝王袍服上的九种图案，也有著名的《九章算术》。冥冥之中仿佛是有天定，少年时代的赵九章本来酷爱文学，后来却转向理科，临终前还在进行卫星技术方程式演算。

1929 年，赵九章考进清华大学，在叶企孙的指导下选择了气象专业，成了著名气象学家竺可桢的学生。1935 年，赵九章赴德国柏林大学攻读高空气象、动力气象和动力海洋学。他在德国发表的毕业论文，被竺可桢誉为新中国成立以前中国人在气象方面最重要的成就。物理学家钱伟长评价他是"真正把数学、物理学引入气象学的第一人"。

1938 年，赵九章拿到了博士学位。当时正是国内全面抗战爆发的紧要关头，他回国后，先到身居高位的舅舅身边担任机要秘书，但在目睹国民党的黑暗与腐败后，他愤然辞职，相继在西南联大、中央大学当教授。

任教期间，赵九章的生活困苦，薪水仅够家人糊口。他的女儿曾在纪念文章中写道："爸爸的长裤变成了短裤。为了补破口，妈妈穿了一件奇怪的短袖棉袍，那两只失踪的袖子，大概也做了同

1933 年，赵九章（中）与同学在清华园。

样的用处。"

1944 年，赵九章担任中央研究院气象所主任，搬到重庆北碚的时候，全部家当用一辆破马车一车就拉走了。他的妻子穿着一条打了三十二个补丁的裤子，看得中央大学的校长吴有训直想哭。尽管如此艰难，赵九章却甘之如饴。

当时的气象研究所位于嘉陵江一个小岛上，搭了十几间木板房，房外种了一点花花草草，有十几个工人。去的时间临近过年，赵九章特意买了红纸贴春联，在上面写着"淡泊明志，宁静致远"。就是在这一排木板房里，中国的地球物理研究一步步打下了坚实基础。

在如此艰难的条件下，1945 年，经过大量的研究探索，赵九章率先提出了"行星波斜压不稳定"的概念。这是现代天气预报的理论基础之一，一经公开报告，立即引起了国际气象学界的高度重视。

解放战争后期，国民党高层判断败局已定，通知气象研究所迁往台湾。赵九章和老师竺可桢不同意，回电说："八年抗日，颠沛流离，实不堪再动。"赵九章和所内科学家们一起留下来迎接新中国的诞生，为祖国的气象事业立下不可磨灭的功勋。

新中国成立后，赵九章促进组建了中国科学院地球物理研究所，在他的主持下，该所很快发展成一个人才济济的科研机构，一批有成就的科学家都直接或间接受过赵九章的指导。1956 年，赵九章任国家科学技术委员会气象组组长，1958 年和 1962 年连续两届当选中国气象学会理事长，1955 年被选聘为中国科学院学部委员。

"东方红 1 号"卫星的总设计师

1957 年 10 月，苏联成功发射了第一颗人造卫星。赵九章敏锐地觉察到，中国也必须开展人造卫星研究，尽快掌握人造卫星的发射技术。他以极大热情投入我国空间事业的创建工作，写了大量文章、做了很多报告，对人造卫星的意义进行宣传，并且提交了可行性研究报告。

1958 年，中国成立了"581 工作组"，下设三个院，分别负责火箭、控制系统和空间探测的研究工作，组长为钱学森，赵九章是副组长。也是这一年，赵九章提出了"中国发展人造卫星要走自力更生的道路，要由小到大，由低级到高级"的重要建议。

不过，囿于当时的国力和科研水平，我国的人造卫星研究面临巨大困难。国家需要集中力量搞"两弹"，此时不得不暂时搁置"一星"。赵九章及时调整发展计划，把主要力量放到投入资金和人力较少的气象火箭，逐步开展其他高空物理探测，同时探索卫星的发展方向。

20 世纪 60 年代初期，中国科学院成功地发射了气象火箭，箭

赵九章（右二）和中国科学院地球物理研究所的同事一起在研究工作。（新华社记者傅军摄，1957年8月28日发）

头仪器舱内的各种仪器及无线电遥测系统、电源及雷达跟踪定位系统等，都是在赵九章领导下由地球物理研究所研制的。同一时期，他们还研制了后来"东方红1号"人造卫星使用的多普勒测速定位系统和信标机。

尽管条件困难，不少人打起了退堂鼓，可赵九章始终认为，中国的航天科技要上去，必须先搞出人造卫星。只有造出了卫星，我们才能以宇宙为实验室，进行各种研究。

1964年，一直心系人造卫星的赵九章终于等来了机会。他打听到中国的火箭运载技术取得了重大突破，已经有条件把卫星送上天了，赶紧向上递交报告：造人造卫星不是小事情，而是事关国防与洲际导弹的大事情。

第二年，国防科工委宣布正式启动研究计划，预计在1970—1971年发射我国第一颗人造卫星。上级把卫星本体制造的工作交给了中科院，就由赵九章负责。赵九章主持了关于卫星研究计划的研讨会议，通过了设计方案，确定了技术指标与外观与大小。这就是后来著名的中国第一颗人造卫星"东方红一号"。

开创奠基中国的卫星事业

多年之后回看赵九章在20世纪60年代所做的报告，世人不

1964 年赵九章（后排中）与中科大学生在一起。

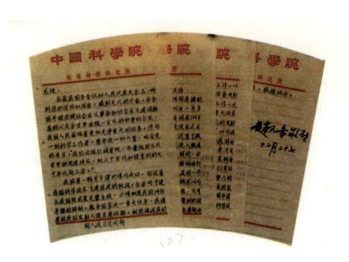

赵九章写给周总理的信件。

禁对一代科学大师的远见卓识肃然起敬。他高瞻远瞩地谋划了我国卫星系列规划的设想，提出以科学试验卫星作为开始和基础，以侦察卫星为重点，全面发展应用卫星如通信、气象、导航等卫星，从而配成一个完整的体系——这几乎就是中国航天半个多世纪来自主发展的缩影。

1970 年 4 月 24 日，"东方红一号"在酒泉卫星发射基地成功升空，我国成为继苏联、美国、法国、日本之后，世界上第五个能独立发射人造地球卫星的国家，开启了我国航天事业和空间科学的新纪元。

但遗憾的是，赵九章已于一年半前离世，未能亲眼目睹这个光荣的时刻。

十年动乱中，赵九章曾经那些无法避免的人际和社会关系，让他陷入深渊。他屡次被批斗，已经无法得到研制人造卫星的消息。但是，让他写检讨，他在纸上反复论证的仍然是人造卫星。

1968 年 10 月 11 日凌晨，赵九章服下大量安眠药自杀，终年61 岁。他带着巨大的遗憾离开了人世，他也用死亡来捍卫人格的尊严。

但历史铭记着他的贡献。赵九章对中国卫星系列的发展规划和具体探测方案的制订，对中国第一颗人造地球卫星、返回式卫星等总体方案的确定和关键技术的研制，起了重要作用。1985 年，国家科学技术进步奖特等奖首次颁发，"'东方红一号'及卫星事业的开创奠基工作"第一获奖人被追授给了赵九章。

　　1999 年，在新中国成立 50 周年之际，中共中央、国务院、中央军委隆重表彰为研制"两弹一星"做出突出贡献的 23 位科技专家，并授予"两弹一星功勋奖章"。赵九章是其中的一位。

参考文献

1. 吴阶平，钱伟长，朱光亚等主编 . 赵九章 [M]. 贵阳：贵州人民出版社，2005.12.

2. 张志会著 . 开创者 赵九章学术轨迹研究 [M]. 北京：团结出版社，2021.10.

3. 刘大椿主编；王鸿生等著 . 领军科学家　钱三强　钱学森　赵九章 [M]. 北京：中国科学技术出版社，2013.01.

4. 曹泽 . 赵九章：天边那颗明亮的星 [J]. 传记文学，2019（12）：8- 16.

5. . 赵九章 空间物理的开拓者 [J]. 科学大观园，2019（09）：42.

核物理学家 朱光亚（1924—2011）

1.20 元

CHINA 中国邮政

2014-25　　(5-5)J

朱光亚

1924.12
—
2011.2

"两弹"攻关的技术"枢纽"

我国核科学事业的主要开拓者之一

"两弹一星功勋奖章"获得者

中国科学院院士、中国工程院院士

曾任中国科协主席、中国工程院院长

"只有把个人命运与祖国命运紧密联系在一起，把自己的聪明才智献给祖国，个人的人生价值和理想才能实现。"

——朱光亚

我国第一颗原子弹、氢弹的研制试验，第一座核电站的筹建开发，高技术研究发展计划的制订实施，中国工程院的组建发展，以及一系列至今仍处于秘密状态的重大科研成果，都与他有着直接的关系。

他是朱光亚，我国战略科学家、核事业主要开拓者之一、"两弹一星"元勋。在 20 世纪 50 年代末，我国决定完全依靠自己的力量发展核事业，朱光亚临危受命，在我国国防科技事业中承上启下、组织协调、综合平衡，被誉为"两弹"攻关的技术"枢纽"。

"祖国在迫切地等待我们"

1924 年 12 月，朱光亚出生于湖北宜昌。幼年时的朱光亚，跟随父母迁至汉口。由于父亲在一家法国企业工作，朱光亚少年时得以接受西式教育。

他的中学时代先后在汉口第一小学、圣保罗中学和重庆合川崇敬中学、江北清华中学（今重庆清华中学）、重庆南开中学度过。特别是在重庆南开中学的一年半里，朱光亚开始对自然科学有了美好的憧憬。

随后，他考入西迁至重庆的国立中央大学（今南京大学）物理系。讲授大学一年级普通物理学的是刚从美国留学回来的赵广增教授，赵教授深入浅出的讲课和介绍学科前沿的课外辅导，使朱光亚受到物理学科新发展的熏陶。

1942 年夏天，昆明的西南联合大学在重庆招收大学二年级插班生。在几位南开校友的关心和帮助下，朱光亚报名应试，顺利地转学到西南联大。从大学二年级起，他先后受教于周培源、赵忠尧、王竹溪、叶企孙、饶毓泰、吴有训、朱物华、吴大猷等教授。众多名师的栽培，使朱光亚对物理学知识有了量和质的积累。

抗日战争胜利后，他从物理系毕业，留校任助教。当时国民政府提出中国也要做原子弹，派出吴大猷、曾昭抡、华罗庚三位科学家赴美国考察，并让每位科学家推荐两名助手同去。当时吴大獗推举的两名助手，一名是李政道，另一名就是朱光亚。

可是，朱光亚等人刚到美国不久就被告知，美国不会向其他任何国家开放原子弹研制技术，加之抗战胜利后中国国内形势发生巨变，考察组只好解散，各奔东西。朱光亚进入美国密歇根大学研究生院，继续从事核物理学的学习和研究。其间，他各科成绩全是 A，连续 4 年获得奖学金。入学第二年，他还在国际著名科技期刊《物理评论》上发表了两篇文章，在早期核物理学科留下了中国人的探索足迹。

然而，国外的生活和科研条件越优越，朱光亚内心深处的"乡愁"就越挥之不去。1949 年，新中国成立的消息传到美国，刚刚获得博士学位的朱光亚立即决定归国。作为密歇根大学的中国留美学生会主席，朱光亚还把北伐时"打倒列强"的歌填上"赶快回国"的词，动员大家学成报国。同时，与同学多次以"留美科协"的名义，组织召开"新中国与科学工作者""赶快组织起来回国去"等主题座谈会，介绍国内情况，讨论科学工作者在建设新中国中的作用。

归国前，朱光亚牵头组织起草了著名的《给留美同学的一封公开信》，呼吁海外中国留学生回国参加祖国建设，其中写道："同学们，听吧！祖国在向我们召唤，四万万五千万的父老兄弟在向我们召唤，五千年的光辉在向我们召唤，我们的人民政府在向我们召唤！回去吧！让我们回去，把我们的血汗洒在祖国的土地上，灌溉

1947 年，朱光亚（右）在美国密歇根大学研究生院学习时留影。（左起李政道、杨振宁、朱光亚）（新华社发）

出灿烂的花朵。我们中国要出头的，我们的民族再也不是一个被人侮辱的民族了！我们已经站起来了，回去吧，赶快回去吧！祖国在迫切地等待我们！"

包括他在内，52名回国留学人员在信上签字。1950年3月18日，信件被《留美学生通讯》刊载，在全美中国学者中引起强烈反响。这些文字还传到了英国和法国，令那里的留学生备受鼓舞，后来为我国核武器事业做出杰出贡献的"两弹一星"元勋程开甲等人，就是受此感召回到了祖国。

奔赴抗美援朝前线

回国后，朱光亚先在北京大学物理系任副教授，讲授普通物理、光学等课程。

1952年，朱光亚响应国家号召，从北京大学调往正在筹建的东北人民大学，参与创建物理系。在承担繁重的教学管理工作的同时，朱光亚主讲两个年级的大课：一年级的力学、热学，三年级的原子物理学。不仅如此，他还认真辅导答疑、批改作业，时隔多年，他的学生还保留着朱光亚亲手做的答疑卡片：学生把问题写在卡片上，交由老师作书面回答。

随着抗美援朝进入阵地战的胶着状态，停战谈判成为当时我国

当年在东北人民大学（现吉林大学）执教的朱光亚（右）给大学三年级的陈佳洱考试，陈佳洱后曾任北京大学校长。（新华社发）

外交战线上的头等大事。国家需要选派一批政治上可靠的外语干部到板门店从事谈判翻译工作，其中就有时年28岁的朱光亚。

穿上中国人民志愿军棉服，冒着被美军飞机轰炸扫射的危险，朱光亚踏上新的征程。他除了负责开城总部发言稿的翻译，将报务员所听记下来的外文电讯翻译成中文，还负责将板门店谈判开始以来的会议记录整理归档。这些工作十分烦琐，但他对待工作的态度认真负责、从不懈怠，周围激烈的战火激励着他更加奋发努力。他思维清晰、逻辑性强、沉静睿智、谦虚谨慎，给当时一起从事的同志留下深刻印象。

一辈子做一件事

在钱三强的推荐下，1959年7月1日，年仅35岁的朱光亚走马上任，出任九所副所长、核武器研究主要技术负责人。从此，他隐姓埋名数十年，在核武器这一关乎祖国命运的伟大工程最前沿，与王淦昌、彭桓武、郭永怀等科学家一起，在高原、深山、大漠的艰苦环境中组织攻关。

在当时的科技人才中，朱光亚的工作层次最高，也最有战略性、全局性。20世纪60年代，我国核武器方面的重要文件基本都出自他手。在这些文件中，朱光亚科学地提出了争取在1964年下半年或 1965 年上半年爆炸我国第一颗原子弹的奋斗目标，明确论证了核试验的"两步走"战略，对党中央做出决策起到了重要的参考作用。随后，他又高瞻远瞩，组织于敏等人攻破了氢弹难关。

核武器研制不仅是一个科技问题，更是一个政治问题。对此，朱光亚密切关注国际形势的变化，为我国核武器研制赓续发展做了大量准备。

1963 年 7 月，美、英、苏三国签订《关于禁止在大气层、外层空间和水下进行核武器试验条约》。朱光亚当机立断，提出将核试验转入地下，并先后组织突破了相关核心技术，我国核武器研制工作得以继续推进。

20 世纪 80 年代，美、苏又开始推动《全面禁止核试验条约》。朱光亚意识到，核试验难以长期进行下去，必须转变思想，赢得战略主动。他说道："核禁试不是核武器研制工作的句号，而仅仅是一个分号。中国核武器进入了一个在更高层面上的新的发展时期。"为此，他指导各研制、试验单位分别组织专家，分不同专题调研国外相关资料，总结分析自身的科技水平、存在问题以及与先进国家的差距，对即将到来的核禁试形势和应采取的对策进行深入探讨，决定加快进度，抢在条约达成前完成必要项目。最终，我国于 1996 年 7 月 28 日完成最后一次核试验，次日即宣布暂停核试验。此后，我国第一批签署《全面禁止核试验条约》，为世界核军备控制做出了自己的贡献。

1991 年 4 月，时任中国科协主席朱光亚（右）
和上届主席钱学森（左）在中国科协"四大"
代表大会上。（新华社记者杨武敏摄）

1993 年秋季，朱光亚在新疆罗布泊实验基地。
（新华社发）

转眼到了改革开放新时期，朱光亚再次审时度势、把握机会，在全球高科技飞速发展的大势中，组织领导我国高技术研究发展计划的制订和实施。他不但对具体项目的设立、研究内容与发展方向提出看法，而且直接负责航天技术领域和先进防御技术领域的领导工作，有力推动了国家战略高科技的长期发展。

此外，他还参与指导了我国第一代近程、中程、远程、洲际战略核导弹和潜地核导弹以及核潜艇的研制，组织领导了多次国防科技和武器装备发展战略的制定。

围绕一个"核"字，朱光亚将毕生的心血献给了祖国。正如他自己所说："我这一辈子主要做的就这一件事——搞中国的核武器。"

参考文献

1. 王建柱 . "两弹一星"元勋朱光亚 [J]. 共产党员，2011（08）：20.
2. 严谨求实　行稳致远——"两弹一星"功勋科学家朱光亚 [J]. 华南理工大学学报（自然科学版），2022，50（09）：2.
3. 徐木易 . "两弹一星"元勋朱光亚 [J]. 集邮博览，2019（06）：130.
4. 朱光亚 一生就做了一件事 [J]. 科学大观园，2019（09）：44.
5. 李娜 . 朱光亚学术思想的启迪——朱光亚学术思想座谈会召开 [J]. 科技导报，2015，33（01）：10-11.

地质学家 丁文江(1887—1936)

中国邮政 CHINA　　1.20元

2016-11　　　　　(4-1)J

丁文江

1887.4
—
1936.1

中国现代地质学先行者

地质学家、社会活动家

我国现代地质事业奠基人之一

集合了专门科学家、科学事业的组织者和

科学思想的传播者等多重角色

> "准备着明天就会死，工作着仿佛像永远活着。"
>
> ——丁文江

中国现代思想家胡适曾在丁文江去世20年后这样评价他："20年的天翻地覆大变动，更使我追念这一个最有光彩又最有能力的好人：这个天生的能办事，能领导人，能训练人才，能建立学术的大人物……"

作为中国现代地质学的先行者，丁文江和他的团队在短时间内将中国地质学提升到国际水平，使得这门学科在中国落地仅数年之后，就获得了世界性的声誉。

除了在地质学方面的贡献，丁文江凭借非凡的智慧和超人的精力，还抵达了他那个时代多个其他学科领域的制高点。

踏出中国地质学的一大步

1887 年 4 月，丁文江出生于江苏泰兴黄桥镇一个书香世家。他自幼聪慧，能写出属对工整、颇有含义的古体诗或近体诗，为当地人所惊异。

私塾老师曾出上联"愿闻子志"，丁文江随口对道："还读我书。"对于年幼的丁文江而言，"还读我书"不仅仅是一时戏言，更表达了他极强的求知欲和坚毅的决心。

戊戌变法为年仅 9 岁的丁文江打开了一扇观察外面世界的窗户。废除八股、改策论取士，时局的巨变在他年幼的心灵中引起震动。14 岁时，丁文江在县衡面试，提笔写下题为《汉武帝通西南夷论》的文章，条理分明。先生看完后，为其潜力感叹不已，直呼丁文江是"国器"。

1902 年秋，15 岁的丁文江为进一步求学，离开家乡东渡日本。当时正值以康有为、梁启超为首的改良主义者和以孙中山为代表的革命民主派在日本论战，丁文江把政治热情投向康、梁的"变法维新"运动。可过了一年谈政治而不读书的生活，丁文江越来越感到，空谈救国无济于事，一定要学习世界先进的科学技术。

他决定远渡重洋前往英国。几经辗转，1906 年，丁文江考入英国剑桥大学，后因生活费和学杂费过高，又于 1907 年转入格拉斯哥工业学院预科学习，攻读动物学和地质学。

在丁文江眼里，中国近代科学落后，导致采矿业被外国人控制，只有学好地质学，并直接应用到采矿业中去，才能有自己采矿的主动权。于是，丁文江立志要成为这方面的中国技术专家。

1911 年，24 岁的丁文江从欧洲学成归国。离开家乡九年后，他不再是当初的懵懂少年，而是一位怀揣地质学、动物学双学位，掌握日、英、法、德多种外语，有着广阔国际视野的学术人才。

在回到家乡之前，他一路以火车、江船或汽车为交通工具，穿过云南、贵州、湖南等地，车船难至之处则徒步登山。满怀对地质和矿产资源的极大关切，丁文江将足迹踏遍了偏远的山区村寨、人迹罕至的高山和峡谷。每到一处，他都作地质记录和地貌地物描述，绘制地质地形图件。

在他之前，尚无中国自己的地质学家进行过任何形式的地质探险，更没有人在荒远落后的西南进行过地质旅行。或许对于丁文江而言，这是个人的一小步，但对于中国的现代地质研究而言，他踏出了里程碑式的一大步。

地质学研究步入世界前沿

丁文江十分重视野外地质调查工作。

继云贵等地的考察之后，1913 年的太行山之行收获巨大。丁

丁文江资料照片。

丁文江资料照片。

文江采集了大量矿石标本，测绘了一批地质图，初步搞清了石炭系煤田的构造。调查成果收入由他执笔的《调查正太铁路附近地质矿物报告书》中。

丁文江的同乡、泰兴作家林壬申和林林，用了三个"第一"来概括这篇报告的意义："是中国地质工作者第一份野外调查报告，是中国现代公开发表的第一份区域地质图，是中国最早的矿产资源调查研究成果。"

经过长期不畏艰险、风餐露宿的地质考察，丁文江撰写了《云南东部之构造地质》《中国之二迭纪及其在二迭纪地层分类上之意义》等地质学论文，获得了崇高的国际声誉。他主持的《地质汇报》《中国古生物杂志》等英文版刊物，也流行于国际学界。

出任北洋政府工商部矿政司地质科科长之后，丁文江的首要工作任务成为吸纳"眼光足迹间，实涵有无量刚劲善战之军队"的地质学人才，并以他们为国之利器。丁文江从培养地质人才做起，他从北京大学地质学门（即地质学系）借来图书标本，以工商部的名义开办了一个地质研究班（后改称地质研究所）。

1916 年，地质研究所的第一批学员毕业，其中成绩最好的学员被选派到国外去留学。中国地质学界许多领袖人物，如谢家荣、王竹泉、叶良辅、李学清等人，都是地质研究所培养出来的。之后，地质研究所被北京大学收回，在丁文江、李四光等优秀教师的努力下，北京大学的地质学教育、中国的地质学研究开始步入世界前沿。

除了在地质学领域的卓越贡献，在动物学、古生物学、地理学、地图学、考古学、人种学、历史学、少数民族语言文字学和中国古代科技文献整理等领域，丁文江也都有不俗的成就，其才能还涉及经济、政治、军事、哲学等方面，堪称一位百科全书式的人物。

在地图学方面，丁文江主持绘制了《中国分省新图》和《中华民国新地图》，出版后在国内社会和学术界引起极大反响。在国外，这两套地图被称为"丁氏地图"，英国皇家学会的《地理杂志》和美国纽约地理学会的《地理评论》等杂志多次刊文评论，认为是"迄今为止最可靠"的中国地图。

"出山要比在山清"

丁文江以他非凡的人格魅力，凝聚或影响了一批精英人物。比他年长的，有蔡元培、梁启超、任鸿隽等人；比他年轻的，有胡适、翁文灏、李四光、赵元任、傅斯年、徐志摩等人。在这个灿若星河的朋友圈里，德高望重的丁文江被尊为"丁大哥"。

作为地质研究所的领导者，丁文江注重营造良好的所风和学风。1916 年 7 月，在地质研究所首厢学生毕业典礼上，丁文江代表教师致辞，他满怀激情地对学生提出两点忠告："不可染留学生习气，不可染官僚之习气。"

丁文江对当时一般平庸的留学生评价甚低，批评他们回国后物质上要求过多，"诸君当观国下等社会每日所得几何……国家全体财政每年收入何若……自然能随处而安，无怨天尤人之心理矣。"

1935 年年底，抱着于国家有所作为的初衷，丁文江受聘成为中央研究院总干事。他相信，在他的努力下，能够"把这个中国最大的科学研究机构，重新建立在一个合理而持久的基础之上"。在不到一年半的时间内，丁文江就完成了艰巨的全面整顿措施，使全院及各研究所工作都有章可循，面貌一新。

1936 年 1 月，丁文江在考察湘潭县谭家山煤矿时，因亲自下井调查导致煤气中毒而不幸离世。消息传来，中国知识界为之震动，都为失去一位科技界的中流砥柱而痛惜。

去世之前，丁文江曾赋诗数首，其中一首《麻姑桥晚眺》写道："红黄树草留秋色，碧绿琉璃照晚晴。为语麻姑桥下水，出山要比在山清。"这首小诗，就像是冥冥之中对他一生的总结。"出山要比在山清"一句，更是一语道尽乱世之中这位爱国学者的人格与担当！

他是一位爱国者，有政治抱负，光明磊落，致力于民族强盛；他是一位科学大家，崇尚真理，求真务实，身体力行……在丁文江的身上，集合了科学家、科学事业的组织者和科学思想的传播者等多重角色。尽管丁文江的生命只有 49 年，但他在地质科学领域、在中国社会上留下的印迹却极为光辉灿烂。

参考文献

1. 胡适著 . 丁文江传 [M]. 北京：东方出版社，2009.03.

2. 丁琴海著 . 丁文江 [M]. 石家庄：河北教育出版社，2001.01.

3. 管成学，赵骥民主编；程新民，程敏敏编著 . 中国近代地质学的奠基人翁文灏和丁文江的故事 [M]. 长春：吉林科学技术出版社，2012.10.

4. 翁文灏 . 丁文江先生传 [J]. 地质论评，1941（Z1）：181-192.

5. 王鸿祯 . 纪念丁文江先生诞辰 120 周年 [J]. 地质论评，2007（06）：723-724+721-722.

农学家 金善宝(1895—1997)

中国邮政 CHINA　1.20元

2016—11　　　　　　　　　　　(4—2)J

金善宝

1895.2
—
1997.6

一片丹心献麦田

育种学家、农业教育家、农学家和小麦专家

我国现代小麦科学研究的奠基人

中国科学院学部委员（院士）

为我国农业科教事业的发展做出了卓越贡献

"只要一息尚存，也要搞小麦育种！"

——金善宝

他的一生，是和小麦等农作物打交道的一生。

出版我国小麦史上的第一部专著；亲自选育的小麦品种，在我国 20 多个省份推广应用，增产幅度可达 30％左右，种植时间长达 40 年；倡导南繁北育、异地加代，将小麦育种进程从 10 年缩短到 3 年……

金善宝，我国现代小麦科学研究的先驱。他的一生，如同丰收，硕果累累。他的光辉业绩和道德风范，也永远是一座激励后人永不停步、不断前进的精神丰碑。

立志学农，造福民众

1895 年 7 月，金善宝生于浙江省诸暨县枫桥镇石峡口村。7 岁起，金善宝便跟着父亲开蒙识字，熟读经书。13 岁那年，在私塾做教书先生的父亲因病去世，临终时对他说："我没有给你留下什么家私，只给你留下两句话，做人最重要的：一是要有气节，二是要有本事。"这两句话深深印刻在金善宝心头，他一直将其引为座右铭，终身恪守。

母亲是一位勤劳朴实的山村妇女，即便家境捉襟见肘，她也坚持让金善宝继续读书。为了减轻母亲的劳累，金善宝经常帮助母亲采桑养蚕、砍柴挖笋。农村的生活使他深深体会到旧社会农民的疾苦和中国农业生产的落后，培养了他务农的志趣和为改变落后农业而奋斗的决心。

1917 年，金善宝考入南京高等师范学校农业专修科。3 年刻苦学习，让金善宝打下坚实的农业科学知识基础，也积累了丰富的实践经验。恩师邹秉文"理论与实际相结合，科研与教学相结合"的教学方针，更是成为他一生从事农业科研与农业教育的指导准则。

毕业后，金善宝来到南京市皇城小麦试验场当技术员。试验场占地 106 亩，有一台美国制造的五行播种机，许多农活都要靠畜力和人力。虽然设备简陋、工作繁重，但金善宝心头的农学之花开始绽放，从小麦播种到收获，从经费预算到人工安排，他事无巨细，整天忙碌在试验田里。

忙碌之余，金善宝也常常思索一个问题："民以食为天"，这个以农立国的国家，四万万国民却连基本的温饱都无法实现？他决心努力探索农业的奥秘。

1930 年，金善宝凭借优异的成绩取得了浙江省教育厅公费留美的名额，赴康奈尔大学和明尼苏达大学进修植物生理学和遗传学。两年间，他刻苦学习并积极参与实践，深入了解国外的农作物育种方法理论，掌握实际操作技术。他决心要以自己的学识为发展祖国农业做贡献。

1933 年，金善宝学成回国，先任浙江大学农学院副教授，随后又应南京中央大学之聘为该校农学院教授。尽管当时国内做小麦育种研究的基本设备仪器都很稀缺，金善宝无怨无悔，坚持不懈地研究。几年间，他编写了我国第一部小麦专著《实用小麦论》，并对玉米、大豆、籼粳糯米等当时国内主要大田作物的育种工作进行深入研究。

踏遍中国育良种

抗战全面爆发后，我国的小麦产区被日寇侵占了大半，人民需

1932年2月康奈尔大学植物科学馆前，金善宝（左三）等中华作物改良学会发起人合影。

要粮食，抗战前线也需要大量粮食支援。为了尽快搜集和培育小麦良种，随高校迁往重庆的金善宝，利用假期时间频频带队前往农村进行走访调研，完成了对四川等省小麦品种的系统搜集和整理工作。

在极其困难的情况下，金善宝顽强地坚持教学和科研工作。那时，日军飞机来重庆轰炸的频次很高，空袭警报经常拉响。金善宝觉得躲避空袭过于浪费时间，可以利用这段时间在家里做点工作，等紧急警报来了之后再去防空洞也不迟，久而久之便成了一种习惯。有一次直到日军的飞机已经盘旋在他家上空了，他才放下手头的工作，动身前往防空洞。

后来，大家才知道，他的作物学讲稿，以及他的两篇重要论文——1943 年发表的《中国小麦区域》和《中国近三十年来小麦改进史》，都是在这段危险的重庆大轰炸的背景下写成的。

在重庆期间，共产党人团结抗战和全心为国为民的大义深深感染了金善宝。他曾两次要求前往延安参加革命工作。得知延安正开展大生产运动，金善宝认为这正是他从事的农业科学研究为革命事业做贡献的时候，立即从多年搜集的小麦品种中筛选出最好的品种，包装好送到《新华日报》报社，委托转交给延安方面。

新中国成立后，金善宝的才能有了更广阔的舞台。为选育良种，他走遍全国各地。从东海之滨到青藏高原，从海南群岛到松花江畔，绿波荡漾的麦浪间，到处都留有他的足迹。

1956 年，长江流域小麦锈病大面积暴发，造成小麦严重减产。

金善宝培育的"南大2419"因具有较强的抗病性,在长江两岸迅速推广,并扩展到陕甘、两广、云贵等地,种植面积最大时占全国小麦种植面积的1/5,各地以此品种作为杂交亲本所得的优良衍生品种达110多个,对我国小麦增产起到巨大作用。

小麦从杂交亲本选配到育成一个新品种,一般需要7—8年甚至更长时间。金善宝时常感叹周期太长:一年一代太慢了,一个人的生命能有几个七八年?当时人工气候室和温室的条件都比较差,他率先根据我国幅员辽阔的地理特点,利用不同纬度和高度下的不同气候条件,在小麦杂交育种中实现了一年三代,大大缩短了小麦育种进程。

这项研究,成为我国小麦育种工作一个新的里程碑。现在,"南繁北育,异地加代"一词,已经成为农业科技的术语。"南繁北育"的经验,还在玉米、高粱、水稻、谷子等作物的种植上得到了广泛应用。

高瞻远瞩填空白

从事小麦育种研究多年,金善宝愈发体会到,我国幅员辽阔,小麦种植遍及全国,性状因地而异,品种数不胜数,保存在农户手中的小麦地方品种既是宝贵的生物财富,又是育种工作者进行农业

金善宝在进行小麦分类研究。（新华社发）

育种研究的重要基础。

为弥补我国小麦种类系统收集与分类方面的空白，金善宝率先开展中国小麦的分类和品种资源的科学研究。1925年，金善宝从全国790个县搜集到900多个小麦品种并鉴定分属，并于1928年发表我国第一部关于小麦分类的科学论文《中国小麦分类之初步》，较前人更加准确地揭示了当时我国栽培小麦的类别。

1934年，他结合多年研究小麦的心得经验，撰写了我国第一本小麦专著《实用小麦论》，从理论和实践上对小麦种植与研究进行了较为系统的论述。该书一经出版，即被全国各大专院校农学院用作教材或重点参考书。

20世纪50年代，金善宝组织中国小麦分类研究组，对全国2000多个县的5544份小麦种质资源进行逐一鉴别，把我国的小麦分成17个类型，分属于5个种、126个变种，并首次发现了我国特有的小麦亚种——云南小麦。这一重大发现对中国和世界小麦的起源、进化以及区划提供了重要的科学依据，据此发表的《中国小麦的种类及其分布》一书，成为国内外研究我国小麦的重要基础文献。

在总结广大人民群众的生产实践和科学研究成果的基础上，金善宝以极富战略性的指导思想主编了我国农业科学研究的两部经典著作——《中国小麦栽培学》《中国小麦品种志》。

我国作为人口大国，长期以来吃饭问题相当突出，因此在农业生产中偏重数量、少讲质量。金善宝高瞻远瞩，早在小麦研究初期便反复强调：小麦育种应注重小麦质量而非一味看重数量。

在教学上，他则以身作则，相信身教重于言传、理论不能脱离农业生产实际。除了课堂讲学外，在农场实习、教学实验和生产实习时他经常到场指导，手把手教学生如何握锄头和镰刀，示范小麦杂交技术，讲解小麦的不同品种和特性。

金善宝的专业知识不仅限于小麦。他还是最早进行大豆研究的中国学者之一，对玉米、马铃薯、谷类、烟草、麻等作物的研究亦有所成，所撰写的系列文章专著，均体现出当时先进的研究成果和试验方法。

暮年之际，金善宝仍然奋战在科研一线。有一天晚上，天下起了大雨，"这场大雨会不会把试验田的小麦泡倒了？"金善宝一夜没有睡好。第二天，天刚蒙蒙亮，他就穿着胶鞋第一个来到小麦试验田，逐行检查小麦的倒伏情况，并做了详细记录。这一年，金善宝 86 岁。

1982 年，金善宝受委托前往三江平原考察，提出该地不适合种小麦、更适合种水稻的重要建议。经过几十年的开垦播种，三江平原已成"北大仓"……

1997 年 6 月 26 日，金善宝与世长辞，享年 102 岁。

他的百岁人生，如同自己培育的小麦一样金黄灿烂。他用一个世纪的璀璨人生，在中国农业、中国小麦科学发展史上树立了一座金光闪闪的丰碑。

87 岁时的金善宝仍坚持在科研第一线。(新华社记者杨武敏摄)

参考文献

1. 杜振华，陈孝，吴景锋等．百年耕耘金善宝传 [M]．北京：中国科学技术出版社，2022.06.

2. 金作怡著．金善宝 [M]．北京：中国农业科学技术出版社，2015.12.

3. 孟美怡著．金善宝 [M]．北京：金城出版社，2008.01.

4. 周桂莲．金善宝，一"麦"相承的金色人生 [J]．麦类作物学报，2022，(第6期)．

5. 高荣媛艺．金善宝：千顷麦田一生情 [N]．中国科学报 .2022.12.30（第4版印刻）

气象学家 叶笃正(1916—2013)
中国邮政 CHINA 1.20元
2016—11 (4-4)J

叶笃正

1916.2
—
2013.10

中国气象学重要奠基人

我国大气物理学创始人

全球气候变化研究的开拓者

中国科学院学部委员（院士）

曾获 2005 年度国家最高科学技术奖

> "搞科学研究必须建立在实事求是的基础上，这是每个科研工作者都必须遵循的准则。"
>
> ——叶笃正

当我们听着耳熟能详的天气预报时，有多少人知道，这一套预报系统的背后，有着中国现代气象学的主要奠基人叶笃正数十年的默默耕耘，又有多少人知道，这位科学家对中国气象学、大气科学和气象业务曾是怎样的殚精竭虑。

由物理转学气象

1916 年，叶笃正出生于天津一个名门望族。他出生那年，中国有了第一份现代气象记录，仿佛冥冥之中，叶笃正的一生与中国气象学紧密联系在一起。

叶家家教甚严，非常重视传统文化教育，1930 年，叶笃正考入天津南开中学。那段日子里，他亲眼目睹东北沦陷后大量难民流入关内，徘徊于京津两地，逐渐知道了在战火纷飞、民族危亡的年代，只有奋发图强才能拯救中国。

少年叶笃正为自己今后的人生道路定下了远大目标。他后来回忆："南开中学的理科教育很好，培养了我学理科的兴趣，我立志要念科学，将来一定要把科学搞好。中国人实在是被人欺负得太厉害了！"

1935 年，叶笃正以优异的成绩从南开中学毕业，考入清华大学物理系。但一次偶然的谈话，改变了他的专业甚至此后的人生。

那天，在乒乓球台边，学长钱三强对叶笃正说道："你不要念物理，还是搞点实用的学问吧。气象学对于中国来说是一个空白的领域，现在中国的气象科学太落后，中国需要的是实实在在的学问。"

叶笃正认真考虑了钱三强的话，决定听从建议，弃物理而选择气象学专业。

1944 年，叶笃正经过考试，赴美留学，师从著名的气象学家、海洋学家罗斯贝。在繁华的芝加哥，叶笃正把全部精力都放到紧张的学习中，他知道祖国需要他所学的知识，为了祖国的未来，他必须全力以赴。

1948 年，叶笃正顺利获得了芝加哥大学博士学位并留校任研究助理。留学期间，他在欧美多本学术期刊上发表了 10 多篇论文，尤其是他的博士论文《关于大气能量频散传播》，受到多国气象学界的重视。在这篇著名论文里，叶笃正为影响天气发展的大槽和大脊的预报提供了科学依据，被誉为动力气象学的三大经典理论之一，叶笃正也成为了以罗斯贝为首的芝加哥气象学派的主要成员之一。

美国气象局主管科研工作的负责人几次打电话给叶笃正，愿以年薪 5000 美元以上的优厚待遇，聘请他到美国气象局下属的研究部工作。在当时，这个薪水与大学教授的收入相当，用叶笃正的话说，可以想吃什么就吃什么，想买什么就买什么。

但此时新中国刚刚成立，叶笃正的爱国热情在胸中燃烧。想起当年在南开大学为抗日救亡运动做出的不懈努力，想起历经战火和贫困摧残的祖国正百废待兴，他坚定了回国效力的决心。

1950 年 8 月 31 日，叶笃正夫妇跟 100 多名中国学者一起，登上"威尔逊总统号"，驶向大洋彼岸的祖国。

回国建设气象事业

"是新中国的成立召唤我回到祖国，使我有了为国家和人民服务的舞台。"留学期间，叶笃正一度担心学成之后报国无门。

他曾经和美国好友卡普兰教授有过一段对话——

"如果你一直在美国工作，会写出更多的文章。"

"文章数量固然可以说明成绩，但美国能给我建立一个研究所，带领大量同行一起工作，为国家的气象事业发展贡献力量的机会吗？不能！"

刚从美国归来时，叶笃正发现，中国的气象事业与发达国家差距很大：当时美国的气象界已经用上了计算机，但中国却连一张高空图都找不到。

叶笃正带着十几人的团队，从怎样看天气图开始教起，培养了一大批青年气象工作者。几十年后，当初那个只研究古典气候的科研小组，已经发展成为国际知名的大气物理科学研究所，研究范围几乎包含所有大气科学的分支。

在叶笃正众多研究成果中，离人们生活最近的是数值天气预报。

1950 年，世界上第一篇数值天气预报业务应用论文发表，引起叶笃正的重视，他立刻带领一批年轻人开始研究。由于缺少做数值天气预报所需要的计算机，大家采取手算图解法试验。1958 年，我国第一台计算机问世后，他们立即凭借着前期深厚的知识理论储备开始了数值天气预报试验。

1975 年，在我国数值天气预报还处于低谷时，叶笃正发表了

时任中国科学技术大学应用地球物理系教授的叶笃正（右三）在课后与同学们交流。（新华社记者楚英摄，1964 年 1 月整理）

叶笃正（右一）1978 年 3 月出席全国科学大会。（新华社记者杨武敏摄）

《近年来大气环流数值试验的进展》，全面介绍了国内外数值天气预报模式的发展，并对一系列问题发表了前瞻性意见。

1978 年，原国家计委气象组在一次会议上，做出了建立中国数值天气预报业务系统的决策。叶笃正制定了正确的技术路线，使我国只用两三年时间，就建立起短期数值天气预报业务系统。

目前中国在国际大气科学方面占有一席之地的几个研究方向，都与叶笃正的学术贡献有着密不可分的关系。

建立青藏高原气象学；发现大气环流的突变；提出大气能量频散理论；倡导与可持续发展相联系的全球变化研究和人类有序活动对全球变化影响的适应……由于这些卓越的成就，2003 年世界气象组织将第 48 届世界气象组织最高奖——国际气象组织奖授予了叶笃正。

老骥伏枥，志在千里

科学工作者既要实事求是，追求真理，更要把自己的事业与国家的命运和人民的利益紧紧联系在一起——这条理念贯穿于叶笃正的科研始终。

他深知，中国在气象研究多个领域仍比较落后，要对年轻学者多加鼓励，能尽快提高相关研究的水平，缩小和先进国家的距离。

天空中有气候，团队中有氛围，严格要求，学风民主，是叶笃正治学的重要原则，也是他在科研团队中长年营造出的学术氛围。

他鼓励学生独立思考。"我最不喜欢唯唯诺诺的学生。你说什么，他都说'对''好'。总把'某某说的'挂在嘴边，这样的学生不行。我喜欢敢对我说'不'的人，并且能讲出自己的道理。"

他强调，他的学术成就不是他一个人，荣誉应该属于集体。这不是自谦之辞，他接受采访时说，所有的奖项，包括世界气象组织奖在内，都不是属于个人的，而是属于把毕生精力都奉献给大气科学研究的中国科学家这个群体。

尽管在气象科学领域已经有了崇高的学术地位，叶笃正仍然在晚年全力投入到另一个新的、在国际上尚处萌芽阶段的研究领域——"全球变化"。90多年的人生旅途，他就像一个顽强的攀登者。多年来，他总是随身带着记事本，将自己想到的问题和偶尔出现的灵感记下来，并敦促自己尽快行动。

"我想做的事情实在太多，如果在离开这个世界的时候，能够完成大部分计划，人生将没有遗憾。"年逾九旬时，叶笃正仍没有停止自己钟爱的研究工作，依然保持每天工作8小时。

2013年，叶笃正辞世。他用无私奉献谱写了精彩人生，为后辈树立了光辉的榜样。他的功勋、他的精神，必将和太空中的"叶笃正星"——那颗以他命名的第27895号小行星一般，恒久留存。

叶笃正出席中国科学院第四次学部委员大会。（新华社记者杨武敏摄于 1981 年 5 月）

参考文献

1. 周家斌，浦一芬著. 求真求实登高峰：叶笃正 [M]. 北京：新华出版社，
   2008.01.

2. 郑培明著. 站在珠峰之巅：大气物理学家叶笃正 [M]. 南昌：江西高校出版
   社，2012.02.

3. 王薪童. 问天人——记中国气象学泰斗叶笃正[J]. 科学中国人，2017（35）：
   34-39.

4. 月半. 叶笃正：实力与信念，让他上下求索 [J]. 科学家，2017，5（21）：
   34-39.

5. 龚剑明，薛淮. 秉承笃正精神，开创气象先河——纪念叶笃正先生百年诞辰
   [J]. 大气科学，2016，40（06）：1333-1336.

物理学家 叶企孙(1898—1977)
中国邮政 CHINA
2016-11
1.20元
(4-3)J

叶企孙

1898.7
—
1977.1

培养大师的大师

物理学家、科学教育家

中国科学院学部委员（院士）

创办了清华大学物理系、北京大学磁学专门组

是我国当代物理学的先驱和奠基人之一

在培养科技人才、发展中国教育事业方面做出了重要贡献

> "凡是出人才的地方，必然是科学文化最盛行、科学土壤最肥沃、科学气氛最浓厚之地。"
>
> ——叶企孙

历数中国现代物理学界一连串璀璨的名字：杨振宁、李政道、钱伟长、钱三强、朱光亚、周光召、邓稼先……他们有一个共同特点——都曾是同一个人的学生。

叶企孙，中国物理学界的一代宗师，在主持清华物理系和理学院期间，他千方百计延揽名师，培养了大批优秀人才，可谓"桃李满天下"。

后世统计，他培养出了六七十名院士，我国"两弹一星"23位功勋科学家，有9位曾受教于他。也因此，叶企孙被誉为培养大师的大师。

"求中国之学术独立"

1898 年，叶企孙出生于上海一个书香门第。父亲是晚清的举人，也是一位教育家。叶企孙自幼聪慧，又很早接触到西方科学文化及应用，"既重格致，又重修身，以为必以西方科学来谋求利国利民才能治国平天下"这一信念早早在他心里扎根。

13 岁时，叶企孙考入清华学堂，成为该学堂的第一批学生。学生时代的他，已经显现出作为杰出科学家所需的灵性、远见卓识以及踏实作风。他在日记中写下"惜光阴，习勤劳，节嗜欲，慎交游，戒饮酒"。他不但用功读书，成绩好，并且认定学问为终身的事业，以"学者"的态度看待和讨论问题，找到证据再下断语，以多读些课外书籍、多得了些学问知识为心满意足。

"己之体气，最合宜于何种科学？己之志意，最倾向于何种科学？己之能力，最优长于何种科学？"——学何种科学对救国最有利，曾是少年时期叶企孙的一个"小纠结"。他曾列了一张学科分类表进行分析，最终选定了实验物理学。不过，环视当时的中国，没有更好的学校能让他继续在这个领域深造，叶企孙萌生了出国留学的想法。

1918 年，叶企孙考取庚子赔款留美公费生。在芝加哥大学、哈佛大学留学期间，他师从著名物理学家、后来的诺贝尔奖得主布里奇曼，还留下"3 年攀登两座高峰"的美谈：测定了当时最精确的普朗克常数，从此科学的史书上留下了"普朗克常数的叶值"；所研究的流态静压力对铁、钴和镍的磁导率的影响，系 20 世纪 20 年代高压磁学的一项开创性贡献。

1923 年，叶企孙获得哈佛大学的博士学位后动身返国。他清楚地知道，回国后将很难继续推进自己的学术研究，但他义无反顾。科学救国，是他很早就埋在心底的信念，他深知，此时的中国迫切需要培养人才，迫切需要培植科学文化和科学土壤，这是着眼长远的工作，必须有人来做。

"除造就科学致用人才外，尚谋树立一研究科学之中心，以求中国之学术独立。"叶企孙立下志愿。

培养"站在世界前沿的高材生"

叶企孙回到了清华大学。当时，清华还没有独立的物理专业，在他的全力推动下，清华物理系正式成立。

1926 年秋，初创的清华物理系略显冷清。整个系只有两位教授，一位是梅贻琦，另一位是叶企孙。梅贻琦忙于行政事务，教学上则几乎由年仅 28 岁的叶企孙一力托起。

窗外是秋风肃杀的北京，风吹得玻璃窗嘎吱嘎吱作响，挺过这一季的清冷，来年地里的种子就要在春意中萌生。

回国后，叶企孙接到的第一项科研任务是解决清华大礼堂听音困难的问题。他带领着助教赵忠尧、施汝为等人，经历无数个寂静的深夜加班加点，开启了我国建筑声学研究的先河。

在创办清华物理系前几年，所招收学生甚少，第一届4人，第二届2人，第三届仅1人。从一年级到三年级，所有的课均由叶企孙一人教授。这并非他乐意"一人教学"，实为良师难聘。

对于选聘人才，叶企孙更垂青于默默无闻却大有潜力的年轻人。1928—1938年，他先后聘萨本栋、赵忠尧、周培源、任之恭、霍秉权、孟昭英等青年学者到清华任教。叶企孙将吴有训的薪金定得高于自己，为减轻萨本栋的教学负担代他授课。叶企孙曾自谦地对学生说："我教书不好，对不住你们。可有一点对得住你们，那就是我请来教你们的先生，个个都比我强。"

小班教学前期受制于师资，后来师资充盈却依然保留，其实这也是叶企孙重质不重量而刻意为之。"每班不过14人，或者每年有10个这样的学生，则10年有100个优秀的甚至可站在世界前沿的高材生。"

1929年，叶企孙组建起清华理学院，其中包括算学、物理、化学、生物、心理、地学以及工程学系。作为清华大学特种研究所委员会主席，叶企孙还创建了航空研究所，利用航空风洞进行空气动力学方面的理论研究。

1932年，他牵头成立中国物理学会，连任三届副会长。恍惚

1949 年 10 月，叶企孙（左一）与陈毅等人合影。

叶企孙在北院 7 号住宅前留影。

间，又见少年时代的自己，成立清华科学会，以科学追赶人类文明的模样。

在教育上，叶企孙有着非同寻常的直觉。成立清华理学院时，他将只有初中文凭、在日本学术刊物上发表了一篇文章的华罗庚聘为数学教员。他让物理系"状元"陈新民转学化学，让化学系学生王淦昌转系学物理，让文史成绩满分、物理成绩只有18分的钱伟长攻读物理。钱学森在出国选拔考试中成绩不理想，叶企孙不忍心让他被埋没，破格给了他一个录取名额，还请来当时国内最优秀的航空专家为他辅导……这些人后来都成为中国科技界的栋梁。

西南联合大学期间，他在电磁学课程上发现了李政道，从此悉心培养。若干年后，在整理叶企孙的遗物时，家属发现了李政道在西南联大学习时的试卷，试卷用昆明土纸印刷，成绩是58（理论）+ 25（实验）= 83。李政道的理论课学得不错，叶企孙允他免于修习，但必须参加实验学习。再次看到这份试卷时，李政道"百感交集，先生的慈爱师容，如在目前"。

当年播下的一颗种子，在叶企孙等人的精心浇灌下，如今生根发芽、枝繁叶茂。在叶企孙的鼓励、指导下，一批优秀的物理系学子茁壮成长，成为新中国的学科奠基人或带头人。

大气物理学家赵九章、地球物理学家傅承义和翁文波、海洋物理学家赫崇本、冶金学家王遵明、应用光学家龚祖同、光学家王大珩、力学家钱伟长、金属物理学家余瑞璜和葛庭燧、地震学家李善邦……一个个如雷贯耳的名字，既是共和国科学史的点点繁星，也记录下叶企孙的开拓奉献。

把一生奉献给国家的教育事业

叶企孙曾说："高等教育究系国家根本要事，倘大多数良好学者只做研究而不授课，全国之高等教育势必受影响甚大，而研究事业最后亦必受影响。"

他用一生践行着这一理念。

钱伟长曾这样评价过老师叶企孙："他将学生看作子女，不仅传授我们知识，更教授我们做人的道理；他终生未娶，把自己的一生都奉献给了国家的教育事业。"

叶企孙注重科学实证，尤其强调实验教学，注重动手能力。这不仅与他所学专业息息相关，也与他求学期间拜访英国剑桥大学卡文迪许实验室不无关系。

他曾前去一探这个被称为"全世界1/2物理学发现诞生地"的奥秘。在那里，他留意到了先进的科学方法，如深刻的批判精神、准确的实验、敏锐感知和敏捷操作、教学和科研系统的结合、鉴别能力等。

现代科学对叶企孙的科研、教学产生了极其重要的影响。他注重实验研究的条件，在清华物理系为吴有训购买 X 光机，为赵忠尧购买镭放射源；他鼓励师生自制仪器设备，聘请青年技工海因策制造仪器设备，并在实验室后设立工厂；他甚至不允许师生叫实验员阎裕昌"听差"，而是称其为"先生"……

1952 年，高等院校改革，叶企孙调入北京大学物理系。在那里他创建了磁学教研室，培养了一批磁学人才，开辟了我国磁学研究的新领域，也兑现了他在留学时的诺言，"研究工作要有 30 年不变"。

他还关注科技史，引导李约瑟对中国科技史产生兴趣。晚年还写下为数不多的科学史文章，成为中国科学史的典范之作。

1977 年，叶企孙因病逝世，享年 79 岁。

1992 年 4 月，当清华大学举行"叶企孙奖"第一届授奖会时，陈岱孙、赵忠尧、钱临照、孟昭英、王淦昌、任之恭、林家翘、杨振宁、吴健雄等 27 位海内外知名学者联名呼吁在清华校园内建立叶企孙铜像，以纪念这位科学宗师。

出任清华理学院院长时，叶企孙曾在校刊上发表了《中国科学界之过去、现在和将来》一文，他在文中写道："有人怀疑中国民族不适合研究科学，我觉得这些论调都没有根据。中国在最近期内方明白研究科学的重要，我们还没有经过长时期的试验，还不能说我们缺少研究科学的能力。唯有希望大家共同努力去做科学研究，五十年后再下断语。诸君要知道，没有自然科学的民族，决

1995年4月30日，叶企孙铜像在清华大学落成揭幕，这是我国著名的科学家、叶企孙的弟子王淦昌（左）和施嘉炀为铜像揭幕。（新华社记者王呈选摄）

不能在现代立脚得住。"

近一个世纪之后，历史早已为叶企孙当年的评判做出公正论断。千千万万的中国科技工作者，铭记着叶企孙的精神，正在新时代的征程上勇攀科学高峰。

参考文献

1. 储朝晖著 . 叶企孙画传 [M]. 成都：四川教育出版社，2016.11.

2. 钱伟长主编；虞昊副主编 . 一代师表叶企孙 [M]. 上海：上海科学技术出版社，2013.01.

3. 叶铭汉，戴念祖，李艳平编 . 叶企孙文存 [M]. 北京：首都师范大学出版社，2013.04.

4. 温才妃 . 叶企孙　教育感最强的科学家 [J]. 科学大观园，2020（19）：72-73.

5. 虞昊 . 叶企孙："大师中的大师" [J]. 阅读，2020（88）：4-9.

1.20元

中国邮政 CHINA

数学家 陈景润 (1933—1996)

$$P_x(1,2) \geqslant \frac{0.67 x\, C_x}{(\log x)^2}$$

2020—20

(4－4)J

陈景润

1933.5
—
1996.3

与数学相伴的一生

当代数学家

中国科学院院士

主要从事解析数论方面的研究

在哥德巴赫猜想研究方面取得国际领先的成果

"在科学的道路上我只是翻过了一个小山包，真正的高峰还没有攀上去，还要继续努力。"

——陈景润

有的人，倾尽一生，只为一件事情，只为一个目标。

陈景润就是一个这样的人。在他的人生中，好像除了"数学"两个字，再没有其他。日日夜夜、每时每刻，他总是拿起手里的笔演算，推导。

世人皆知，陈景润是数学天才，只是少有人知道，天才背后，曾经付出过多少的汗水。

心中埋下研究数学的种子

1933 年，陈景润出生于福建福州。他小时候身体虚弱，总是生病，但只要有空，就蹲在地上练习写字和演算。

尽管家境贫寒，因为好学，陈景润一路考入福州英华书院念高中。在这里，他遇见了对他一生影响深远的老师沈元。沈老师曾任清华大学航空系主任，当时是陈景润的班主任兼数学、英语老师。有一次上课时，陈景润听到沈老师说道："科学的皇后是数学，数学的皇冠是数论，哥德巴赫猜想则是皇冠上的明珠。"这句话在少年陈景润的心中埋下了种子。

1950 年春夏之交，高中尚未毕业的陈景润，以"同等学力"报考厦门大学，考入了厦门大学的数理系。

他一门心思扑在学习上。为了延长学习时间，陈景润曾经半夜待在厕所看书，只因为那里彻夜都有灯光；平日里沉默寡言，很少与同学聊天，但在校园里总能见到他向教授请教数学问题……在其他同学眼中，陈景润就是一个"书呆子""怪人"，但只有陈景润自己知道，他所做的一切都是无愧于自己对数学的爱。

1953 年秋天，陈景润提前毕业，被分配到北京当中学数学教师。由于陈景润普通话并不标准，而且他素来内向，不善辞令，一直是一个人在数学的王国中潜心钻研，全然不知如何与学生相处，学生们对此十分不满。无奈之下，学校只能将他停职。

丢了工作，陈景润不好意思找厦门大学再行分配，独自一人回到故乡福州。没有工资收入，又不能躺在家里吃闲饭，无奈之下，他只能在街上摆摊，勉强维持生活。

正当他陷入困境时，厦大的老校长王亚南了解到这一情况，向校党委做了汇报。党委研究之后，决定让陈景润回来，由数学系安排他担任教学辅助人员，负责管理系里的教师阅览室。工作不多，阅览室又有比较丰富的图书资料，陈景润得以继续徜徉在学术的世界里。

1954 年，厦门大学提出：数学系在 12 年内赶上或超过世界先进水平。此目标一出，人才是个大问题。陈景润从厦门大学毕业，人们自然知道他在数学方面的天赋，于是就让他边工作边研究数学。

得到大力支持的陈景润心中有了底气，他将所有精力都放到数学上，不停地计算、推导，简直日夜不息。见过他的人都不由感叹：世上竟然有这样痴迷数学的人！

厕所里完成的科研

陈景润的研究课题为数论，一开始，尽管他做了大量的努力，依旧收获不大。在别人的推荐下，陈景润决定从华罗庚的《堆垒

数学家陈景润在从事数论研究工作的资料照片。

素数论》入手。

他挤在自己仅 6 平方米的房间内，开始痴迷地工作。屋内堆满了数学书籍以及写着演算过程的草稿纸，整个房间难有落脚之地。经过夜以继日的努力，他成功解决了《堆垒素数论》中"至善的指数"这一难题。

几经辗转，华罗庚知道了陈景润的结果。审核之后，华罗庚大吃一惊，陈景润的计算完全正确，帮助将研究向前推进了一大步。一时之间，国内数学界哗然，大家纷纷打听：这个陈景润是谁?

1956 年年底，已先后写了四十多篇论文的陈景润在华罗庚的推荐下来到中国科学院数学研究所，并在华罗庚的指导下专心研究数论。

对于陈景润而言，从一个学校资料室的狭小天地来到全国名家、高手云集的中国最高一级研究机构，他眼界大开，如鱼得水。放下行李，陈景润就迫不及待地打听图书馆在哪里。

到了图书馆，他被这里丰富的藏书惊呆了，他仿佛走进了堆金叠银的宝库，更让他惊喜的是，这里还有大量外文原版书籍和国外的最新刊物。他借了一堆书和刊物抱回宿舍。他自学外语，想要读懂这些数学书籍和刊物。他不放过任何一个机会，排队期间也一直拿着本书……

1958 年，中科院家属宿舍落成了，陈景润和其他几名同事一起搬进宽敞明亮的宿舍。可陈景润却犯了愁，原来他每天都要演算数学问题到深夜，时间一长，同屋难免会发出怨言。于是，他想出了一个办法——搬到隔壁的厕所去住。在陈景润的坚持下，数学系破例让他住进那个只有 3 平方米的厕所，整个屋子刚好够放一张单人床。

他日日夜夜进行研究，几乎从不停止工作，在这个不到 3 平方米的小屋里度过了两个冬夏。在这里，他渐渐成长为一个成熟的数学家，先后写出了《华林问题》《圆内整点问题》《球内整点问题》《三维除数问题》《算术级数中的最小素数问题》等多篇论文，填补了数论史上的空白。

瞄准哥德巴赫猜想

20 世纪 60 年代中期，取得了一系列成绩的陈景润开始将目光瞄向哥德巴赫猜想。

这个数学界最难证明的猜想，让许多人望而却步，就连哥德巴赫自己都无法证实。华罗庚曾经组织研究员证明了哥德巴赫猜想"3 + 4""2 + 3""1 + 4"，至于最难的"1 + 2""1 + 1"，始终没有攻破。

为了摘下这颗"皇冠上的明珠"，陈景润过着离群索居的生活，哥德巴赫猜想几乎占有了他所有的思维和生活。他住在一间不到 6 平米的锅炉房，人们偶尔见他蓬头垢面地从小屋里出来，匆匆去食堂抱回一堆馒头，或去图书馆抱回一堆书。一瓶开水、几个冷馒头，就是他一天的伙食。有时，身体实在撑不住了，便捻一撮人参须根泡点水喝。

1966 年，陈景润在锅炉房演算时，因患严重的结核性肺膜炎疼得昏了过去，所幸同事很快发现了他，将他送进医院。他醒来后的第一件事，就是让同事拿来纸和笔，又开始演算。大夫让他请假休息一个月，刚刚能下床后，他就跑出医院，回到锅炉房继续哥德巴赫猜想的证明。

是年，陈景润发表了《表达偶数为一个素数及一个不超过两个素数的乘积之和》，也就是俗称的"1＋2"。该文发表于《科学通报》1966 年第 17 卷第 9 期，但由于仅叙述了几个引理的结论，没有给出详细证明，这个结果没有得到国际数学界的认可。

正当陈景润准备简化证明过程、修改论文时，文化大革命开始了，陈景润受到了错误的批判与不公正的待遇，他的工作与健康都受到严重伤害。

但陈景润坚持了下来，1973 年他在《中国科学》发表了"1＋2"的详细证明并改进了 1966 年宣布的数值结果，将哥德巴赫猜想的证明大大推进了一步，成为哥德巴赫猜想研究史上的里程碑。这一结果在国际数学界引起了轰动，被公认是对哥德巴赫猜想研究的重大贡献。

不幸的是，几年后，陈景润被诊断患上帕金森综合征，又因为

1986 年，陈景润（左一）与著名数学家王元、杨乐、张广厚一起研究数论问题。新华社发

陈景润在病房中（1995 年 11 月 5 日摄）。
新华社发

车祸，他只能躺在医院里。可是"1＋1"猜想还没有被证实，陈景润必须分秒必争。在医院，陈景润继续他的研究，他从来没有停止过思考。可是，他的身体却一天不如一天。1996年，陈景润离开人世，终年63岁。

陈景润的一生，是与数学相伴的一生，也是奋斗的一生。日日夜夜，不知疲倦，陈景润每一个的成就背后，都是他靠着一双手和一支笔还有无数的草稿纸换来的。有人甚至说，陈景润在数学上的成就，是他透支生命换来的。

即便在他弥留之际，那个尚未证明的"1＋1"猜想依旧是陈景润心中尚未落地的石头，如今，还有无数努力着的中国数学家，他们继续夜以继日地工作，继承着陈景润的遗志，弘扬着陈景润的精神，在证明哥德巴赫猜想等数学难题的道路上不断奋进！

参考文献

1. 中国科学院档案馆，汪克强，潘亚男．中国著名科学家手稿珍藏档案选 [M]．广州：广东教育出版社，2019.09.

2. 柯继铭编著．中国名人全传（第4册）[M]．长春：吉林出版集团有限责任公司，2013.09.

3. 解启扬编著．世界著名科学家传略 [M]．北京：金盾出版社，2010.06.

4.《中国科学家辞典》编委会编纂．中国科学家辞典（现代）[M]．济南：山东科学技术出版社，1982.07.

5.《爱国奋斗新时代》编写组编．爱国奋斗新时代（第2册）[M]．北京：中国科学技术出版社，2019.10.

6. 刘培杰主编．从哥德巴赫到陈景润中国解析数论群英谱 [M]．哈尔滨：哈尔滨工业大学出版社，2008.07.

7. 吴芯雯著．离哥德巴赫猜想最近的人：数学家陈景润 [M]．沈阳：辽宁教育出版社，1999.12.

1.20元

中国邮政 CHINA

黄昆（1919—2005）
固体物理学家、半导体物理学家

$$\dot{w} = b_{11}w + b_{12}E$$
$$P = b_{21}w + b_{22}E$$

2020 - 20

(4－2)J

黄昆

1919.9
—
2005.7

中国半导体事业奠基人

固体物理、半导体物理学家

主要从事固体物理理论、半导体物理学等方面的研究

中国半导体物理学研究的开创者之一

1955 年被选聘为中国科学院学部委员（院士）

> "学习知识不是越多越好，越深越好，而是应当与自己驾驭知识的能力相匹配。"
>
> ——黄昆

诺贝尔奖得主杨振宁说："中国搞半导体的，都是他的徒子徒孙！"

曾任北京大学校长的周培源说："如果拿 60 年代初期的水平比，中国的半导体事业并不比日本落后，其中他功不可没。"

与量子力学的创始人爱丁堡大学玻恩教授合作著书《晶格固体学理论》，随即成为半导体领域的奠基之作，被牛津大学出版社列入"牛津经典物理著作丛书"。

这位有着中国半导体事业奠基人之称的科学家，就是黄昆。

中国"有我们和没我们，有些区别"

祖籍浙江，成长于北平，黄昆天资聪颖。1941年，黄昆从燕京大学毕业，随即到西南联大攻读物理系研究生。

当时他与杨振宁、张守廉同住一间宿舍，三人被称为物理系"三剑客"。那时的他们都才二十岁出头，总喜欢纵论风云，而黄昆往往将话题引向"极端"，引发无休止的争论。

有一次，为弄明白量子力学中"测量"的含义，他们从白天一直讨论到晚上，上床后又爬起来，点亮蜡烛，翻看权威资料寻找答案。对于问题的每一个环节，黄昆总是反复推敲。

多年后，杨振宁对黄昆的"较真"仍然念念不忘，他说一生中最重要的时期，不是在美国做研究，而是和黄昆同住一舍的时光。

1945年，黄昆赴英国深造，师从著名理论物理学家、后来荣获诺贝尔物理学奖的莫特教授，攻读固体物理学博士学位。1947年，黄昆在固体物理研究领域初露锋芒。他提出了固体中杂质缺陷导致 X 光漫射的理论，这一现象后来以黄昆的姓氏被国际上命名为"黄散射"，并发展成为一种能直接研究固体中微观缺陷的有效手段。

黄昆开拓性的理论研究引起了量子力学奠基人之一、诺贝尔奖获得者马克斯·玻恩的注意。他邀请黄昆到爱丁堡大学做交流学者，并把自己的一本书稿框架交给黄昆，希望黄昆结合当时物理学

黄昆 1941 年北京燕京大学毕业时留影。
新华社发

的最新成果重写一次。

1954 年，黄昆与玻恩合著的《晶格动力学理论》出版，该书以严谨的论述对固体物理学中最基本的领域进行了系统总结，用一系列创造性工作完善和发展了这个领域，成为该学科领域的第一部权威专著和标准参考文献。直到现在，此书依然是国际公认的权威著作。

这部专著历时 5 年问世，至今仍是固体物理学领域的权威著作。在晶体管向集成电路的关键性一跃中，黄昆的理论起到了至关重要的引导作用。

与那个时代的多数中国知识分子一样，"两耳不闻窗外事"从来不是黄昆的人生准则。在学术研究之余，他最关心的就是国内的动态。他给此时正在美国芝加哥大学求学的杨振宁写了一封信，除了谈论学术研究心得之外，说得最多的是人生抱负与抉择。

信中写道："当我有时告诉人我一两年后回国，他们常有疑讶的表现，似乎奇怪为什么我不想在这 orderly（秩序井然）、secure（安全）的地方住下来而要跳入火坑。虽然我难以想象我们一介儒生能影响多少国运……但我们如果在国外拖延目的只在逃避，就似乎有违良心。我们衷心还是觉得，中国有我们和没我们，makes a difference（有些区别）。"

培养几代半导体专业人才

1951 年，黄昆践行自己的人生允诺，回到北京大学任物理系教授。

当时新中国百废待兴，急需培养大批物理学人才。作为一名在世界学术界冉冉升起的新星，黄昆中断已从事多年的研究项目，开始了自己长达 26 年的教学生涯。

他很快就在北大出了名——学生们知道教物理的是刚刚从英国回来、颇有建树的教授，都以为他是一位老先生，不想走进教室的是个 30 岁出头的翩翩男子，一开口又是地道漂亮的北京话，这些都让听课的学生们大为开心。再加上黄昆本身功底深厚，讲课用心，因此深受学生欢迎。

时隔多年，当年的学生还对黄昆的讲课印象深刻："黄先生学术上非常严谨，概念非常清楚，讲问题没有含糊的地方。""从头讲到尾，用非常明白的语言把学生吸引住。""这个问题别人讲，玄得要命，他讲就很简单。"

随后，黄昆受命主持北京大学物理系固体物理教研室的工作。1954 年，由黄昆带头，北京大学物理系专门为学生开设了"半导体物理学"这样一门新兴课程。

1956 年，在周恩来总理的亲自领导下，我国制定了科技发展远景规划，半导体技术被列为当时四大科研重点之一。中央有关

1951 年在英国利物浦大学做 ICI 博士
后期间的黄昆。

1959 年，黄昆和夫
人李爱扶游览北京
长城。新华社发

部门决定，由黄昆、谢希德和王守武等知名学者在人才培养和开拓性研究方面进行突击。

黄昆在北大任教期间参与创建了中国第一个半导体物理专业，培养了第一批和其后几代半导体专业人才，包括甘子钊、秦国刚、夏建白等好几位中国科学院院士。

任教期间，他还主持了本科生教学体系的创建工作，在没有蓝本的情况下，自己动手编写了《固体物理学》，并与谢希德教授一起编写了《半导体物理学》。这两部著作都以讲解透彻、精辟著称，很长一段时间内都是这两个专业的必读之作。

1963—1966 年，在国家科委领导下，黄昆提出加强基础研究的意见，率先在北京大学组织固体物理领域的基础研究——固体能谱研究，建立了研究室和实验室，并出任北京大学固体能谱研究室主任。

"不唯书，只唯实"的治学品格

"青年时代做出了卓越的科学贡献，中年时期献身于祖国教育事业，晚年仍在孜孜不倦地学习和研究，为祖国科技发展呕心沥血。"曾经和黄昆一起提出"黄—朱模型"的教授朱邦芬，为黄昆的一生做出这样的概括。

1977 年，黄昆迎来学术生涯的又一个转折点。邓小平同志亲

1987 年 9 月，黄昆在北京中科院半导体所超晶格室学术报告厅做学术报告。 新华社发

自点名让他担任中国科学院半导体研究所所长。在"阔别"科研生涯近 30 年后，年近花甲的他壮志不坠，开始了自己研究生涯中的第二个春天。

"黄—朱模型"就是这个时期的代表性成果，解决了 20 多年来科学界在超晶格领域存在的疑难问题。

不唯书，只唯实，是黄昆的治学品格。他自述，不喜欢翻阅文献资料，喜欢从"第一原理出发"，去探寻物理世界的奥秘。"我文献看得比较少，因为那样容易被人牵着鼻子走，变成书本的奴隶。自己创造的东西和接受别人的意见，对我来说，后者要困难得多。学别人的东西很难，而自己一旦抓住线索，知道怎么做，工作就会进展很顺利。"

从"黄散射"到"黄方程"，从"黄—里斯因子"到"玻恩和黄""黄—朱模型"，黄昆院士在固体物理学发展史上树起一块块丰碑。2002 年，黄昆获得 2001 年度国家最高科学技术奖。从这 500 万元大奖中，他拿出大部分钱用来奖励在半导体物理及固体物理研究中的优秀人才。

同时，在黄昆的主持下，半导体所建成了我国半导体超晶格国家重点实验室，开创了我国在材料科学和固体物理学中崭新领域的研究工作。这一新兴领域目前已经在世界上占有一席之地。

黄昆 70 华诞时，北京大学物理系师生赠送给他一副对联——

"渡重洋，迎朝晖，心系祖国，傲视功名富贵如草芥；攀高峰，历磨难，志兴华夏，欣闻徒子徒孙尽栋梁。"

38 个字浓缩了黄昆的一生。

参考文献

1. 朱邦芬 . 黄昆：声子物理第一人 [M]. 上海科技出版社，2002.
2. 朱邦芬 . 黄昆——中国当代著名科学家丛书 [M]. 贵州人民出版社，2004.
3. 姚蜀平 . 黄昆夫妇印象记 .《科学文化评论》[J]，2017(14 卷 3 期).
4. 陈辰嘉、虞丽生 . 名师风范 [M]. 北京大学出版社，2008.
5. 纪念黄昆先生百年诞辰筹备委员会 . 一代宗师 厚德流光——纪念黄昆先生百年诞辰 [M]. 科学出版社 ,2019 年 .

1.20元
中国邮政 CHINA
应用光学家 王大珩 (1915—2011)
2020-20
(4-1)J

王大珩

1915.2
—
2011.7

开创新中国光学事业的"追光者"

光学科学家、教育家

我国光学事业的先行者

"两弹一星"元勋

中国科学院、中国工程院院士

1986 年联名提出发展高技术的建议（"863"计划）

> "只有通过自己的实践，才能把知识真正学到手，打上个人的烙印，终生不忘，也才能真正深入，并进一步实现发明创造。"
>
> ——王大珩

中国第一片光学玻璃、第一台电子显微镜、第一台激光器、第一台大型光测装备、第一个遥感科学规划……多项第一，都出自同一人之手。

这个人就是有着"中国光学泰斗"之称的我国近代光学工程重要学术奠基人、开拓者和组织领导者，"两弹一星功勋奖章"获得者——王大珩。

专攻光学玻璃研究

王大珩，祖籍江苏苏州，1915年2月出生于日本东京。父亲王应伟是我国早期的地球物理和气象学家。1915年，日本强迫中国签订丧权辱国的"二十一条"，王应伟毅然抱着还在襁褓中的王大珩回国。

儿时的王大珩听到最多的，就是父亲经常给他讲的科学家故事和科学知识。父亲始终认为，只有靠现代科技，国家才能强大起来。这样的观念，王大珩从小耳濡目染。

有一次，父亲把在门外玩耍的王大珩叫到跟前，让他端了一碗水和一根筷子，接着父亲把筷子立于水碗中，提示他看筷子的形状。王大珩毫不含糊地回答："筷子是弯的。"父亲把筷子从水中抽出来，向上举起说："你再看看，筷子是弯的还是直的？""是直的！"惊异之中，父亲告诉他，这叫折射，是一种光学现象。

父子间的一次小游戏，让少年王大珩开始对光学和物理产生兴趣。凭借优秀的学习能力和领悟能力，1932年，17岁的王大珩考取清华大学物理系，师从叶企孙、吴有训、周培源等著名的物理学家。

四年清华时光，让王大珩受益匪浅。毕业后，他一边留在清华物理系任助教，一边报考中英庚款留学生，并顺利来到伦敦帝国理工学院物理系应用光学专业深造。

时值第二次世界大战，光学玻璃由于在军事上用途显著，被西方各国视为重要的保密技术。为了学到这种中国还未曾掌握的技术，1941年，王大珩在取得硕士学位后，转学到英国谢菲尔德大学玻璃制造技术系，跟随著名的玻璃学家特纳教授学习。

1941年3月，王大珩在国际著名物理学刊物《物理学学会会刊》上发表论文，论述了光学系统中各级球像差对最佳像点位置和质量的影响。这篇论文在英国光学科学领域内获得了不少赞誉。

此后，王大珩受聘于伯明翰昌司玻璃公司，专攻光学玻璃研究。历经10年学习和工作，王大珩不仅掌握了许多当时保密性很强的光学玻璃制造关键技术，而且还研制出快速测量玻璃光性精确度的V棱镜折光仪，并获得英国科学仪器协会的第一届青年仪器发展奖。

这一切，都为他日后回国开创新中国的光学事业打下了坚实基础。

填补我国光学领域空白

祖国的召唤，始终萦绕在王大珩的心头。

在严济慈先生的邀请下，王大珩决意回国。1948年5月，王大珩乘坐客船辗转返回祖国，来到当时的中央研究院从事光学研究工作。新中国成立后，王大珩的一身抱负更是有了用武之地。1951 年，经钱三强推荐，中国科学院决定让王大珩负责筹建仪器馆的工作。次年，中国科学院仪器馆（长春光机所）在长春成立，王大珩出任馆长。

当时，应用光学在我国还几乎是一片空白，但如果没有光学玻璃，就无法研制出高水平的精密测量设备，增强国防力量也就无从谈起。

在长春光机所的档案室里，后来人可以看到王大珩当年为建所亲自做的预算——1400 万斤小米，这是当时创建光机所的所有经费。就是用这 1400 万斤小米，王大珩开始填补我国在光学领域的一个个空白。

在他的领导下，长春光机所很快发展为中国应用光学研究及光学仪器制造的重要科研基地，尤其以研制高精光学仪器的"八大件"——一秒精度大地测量经纬仪、一微米精度万能工具显微镜、大型石英摄谱仪、中型电子显微镜、中子晶体谱仪、地形测量用多臂航摄投影仪、红外夜视仪以及系列有色光学玻璃——而闻名全国科技界，不仅开创了我国自行研制大型精密光测设备的历史，也为"两弹一星"提供了高质量的光学设备。

在 20 世纪 60 年代初，激光科学在世界上初露锋芒。王大珩敏锐地预见到新学科的发展前景，他在承担重大国防任务的同时，积极支持青年科学家进行激光技术的研究。

1978 年 3 月 18—31 日，全国科学大会在北京召开，这
是全国科学大会期间的王大珩。（新华社记者汤孟宗 摄）

1961 年 9 月，中国第一台红宝石激光器诞生于长春光机所，王大珩在激光器的结构设计中起了重要指导作用。1964 年，中国第一个专业的激光研究所——上海光学精密机械研究所成立，他兼第一任所长，组织并指导了激光科研的深入开展……

1975 年，中国第一颗返回式卫星成功发射。该项目对卫星上安装的对地观测相机提出极高要求，它既要达到较高分辨率，还要经得住自动拍摄的震动。在国外技术封锁的背景下，王大珩和同事们没日没夜加班攻克难题，最后如期完成任务。当卫星带着拍摄信息返回地面时，中国人首次成功地看到了清晰的卫星图像。

倡议 "863" 计划

1983 年，王大珩调到北京，任中国科学院技术科学部主任。从此，他的目光不仅关注他一手开创的光学事业，更投向了整个中国科技的发展。

就在这一年，美国提出 "星球大战" 计划，这是一个以反弹道导弹军事战略促进国防科技发展，进而带动高新技术和国民经济全面振兴的方案。此时，中国改革开放的大门刚刚打开，身为一名有着强烈使命感和责任感的科学家，王大珩感受到前所未有的紧迫。他深知，真正的高科技是永远不可能用钱买来的。

1986 年，王大珩和另外几位科学家提出了关于跟踪研究外国战略性高技术发展的建议。这项建议受到中央高度重视，有关部门组织了 200 多位专家，经过全面论证和多次修改，最终制定出《国家高技术研究发展计划纲要》，有计划地选取了生物、信息、自动化、能源材料等七大重要的高科技领域进行攻关，这也就是著名的"863"计划。发展高科技从此成为实现我国科技现代化的一项重要战略部署。

"我们几个人顶多是起了些催化剂的作用，或者说是为'863'计划点了一根火柴。"谈及自己对"863"计划起的作用，王大珩曾这样谦虚地说。

"863"计划实施后，我国在高科技领域与世界先进水平的整体差距明显缩小，尤其是航天技术、转基因动植物技术等取得长足发展。"863"计划一度成为我国高科技发展的代名词，据估算，产生的直接和间接经济效益高达数千亿元。

除了"863"计划之外，王大珩还为我国科学事业的发展提出了许多重要建议。从激光核聚变研究，到原子、分子尺度上的纳米技术研究，从促成中国工程院的建立，到提议加快发展我国航空工业……"科技人员是有祖国的，他为祖国谋利益而受到人民的尊重"，这是王大珩勉励同事时说过的话，也正是他一生的真实写照。

2011 年 7 月 21 日，96 岁的王大珩安详离世。即便在生命的最后时光里，他还坚持在病床上起草光学名词审定的报告。

王大珩（左）与他的学生蒋筑英在研究工作。
（资料照片，新华社发）

1992 年 2 月 11 日，王大珩在北京。（新华社发）

此前一年，他在一篇文章中这样写道："我们这些老科技工作者的最高追求就是为国家、为民族负更多的责任，尽更多的义务。"用真切而朴实的语言，王大珩表达了一名科学家对祖国和人民的无限热爱，以及对自己事业的鞠躬尽瘁。

参考文献

1. 马晓丽 . 王大珩传 [M]. 北京：中国青年出版社，2022.
2. 刘诗瑶 . "863"计划倡导者：科学泰斗 胸怀祖国 [J]. 共产党员（河北），2021.
3. 陈崇斌 . 长春光机所应用光学学术谱系的形成与发展 [J]. 中国科技史杂志，2017.
4. 张蕾 . 王大珩与"八大件一个汤"[J]. 新材料产业，2017.
5. 尹传红，骆玫 . 王大珩：从光学家到战略科学家 [J]. 知识就是力量，2015.

1.20元

核物理学家 于敏（1926—2019）

中国邮政 CHINA

2020－20

(4－3)J

于敏

1926.8
—
2019.1

一个曾经绝密 28 年的名字

核物理学家，"两弹一星功勋奖章"获得者

中国科学院学部委员（院士）

国家最高科学技术奖获得者，"共和国勋章"获得者

在中国氢弹原理突破中解决了一系列基础问题

提出了从原理到构形基本完整的设想，起了关键作用

他 28 载隐姓埋名，填补了中国原子核理论的空白，为氢弹突破做出卓越贡献。

他荣获"两弹一星"功勋奖章、国家最高科学技术奖、"共和国勋章"获得者等崇高荣誉，盛名之下保持一颗初心："一个人的名字，早晚是要没有的，能把微薄的力量融进祖国的强盛之中，便足以自慰了。"

他是于敏。

在氢弹原理突破中起了关键作用

"国产专家一号"——人们这样亲切地称呼于敏。

没有留过洋，却也成为世界一流的理论物理学家；在原子核理论研究的巅峰时期，他毅然服从国家需要，开始从事氢弹理论的探索研究工作。

那是 20 世纪 60 年代。一切从头开始，装备实在简陋，除了一些桌椅外，只有几把算尺和一块黑板。一台每秒万次的计算机，需要解决各方涌来的问题，仅有 5 % 的时长可以留给氢弹设计。

科研大楼里一宿一宿灯火通明，人们为了琢磨一个问题，常常通宵达旦。于敏的报告，与彭桓武、邓稼先等人的报告相互穿插，听讲的人常常把屋子挤得水泄不通。

"百日会战"令人难忘。100 多个日日夜夜，于敏先是埋头于堆积如山的计算机纸带，然后做密集的报告，率领大家发现了氢弹自持热核燃烧的关键，找到了突破氢弹的技术路径，形成了从原理、材料到构型完整的氢弹物理设计方案。

"臣受命之日，寝不安席，食不甘味……"在试验前的讨论会上，于敏和同事感慨地朗诵起了诸葛亮的《后出师表》。

1967 年 6 月 17 日，罗布泊沙漠深处，蘑菇云腾空而起，一声巨响震惊世界。新华社对外庄严宣告：中国第一颗氢弹在西部地区上空爆炸成功！

1980 年，于敏在
工作中。新华社发

1985 年的于敏。
新华社发

在指挥现场，于敏凝望着半空中腾起的蘑菇云，一言不发，直至听到测试队报来的测试结果时，才脱口而出：与理论预估的结果完全一样！

从第一颗原子弹爆炸到第一颗氢弹试验成功，美国用了 7 年多，苏联用了 4 年，中国仅用了 2 年 8 个月。

《中国军事百科全书 —— 核武器分册》记载：于敏在氢弹原理突破中起了关键作用。

用热血书写历史丰碑

有人尊称他为"氢弹之父"，于敏婉拒。他说，核武器的研制是集科学、技术、工程于一体的大科学系统，这是成千上万人的事业。

1926 年，于敏生于一个天津小职员家庭，从小读书爱问为什么。进入北京大学理学院后，他的成绩名列榜首。导师张宗遂说：没见过物理像于敏这么好的。

新中国成立两年后，于敏在著名物理学家钱三强任所长的近代物理所开始了科研生涯。他与合作者提出了原子核相干结构模型，填补了中国原子核理论的空白。

正当于敏在原子核理论研究中可能取得重大成果时，1961 年，钱三强找他谈话，交给他氢弹理论探索的任务。

于敏毫不犹豫地表示服从分配，转行。从那时起，他开始了长达 28 年隐姓埋名的生涯，连妻子都说：没想到老于是搞这么高级的秘密工作的。

几十年后，已经年入耄耋的于敏回忆起曾经，说了这么一句话：研究氢弹是很难的，牵扯很多的学科和工程，并且不太符合我的兴趣，但是爱国主义在那儿看着，爱国主义大于兴趣！

1984 年冬天，核武器试验场所在的戈壁，寒风凛冽。于敏已记不清自己是第几次站在这严寒的戈壁上。有时他会想起诸葛亮，六出祁山，矢志不渝。

从 20 世纪 80 年代以来，于敏率领团队在二代核武器研制中突破关键技术，使中国核武器技术发展迈上了一个新台阶。他与邓稼先、胡仁宇、胡思得等科学家多次商议起草报告，分析我国相关实验的发展状况以及与国外的差距，提出争取时机，加快步伐的战略建议。

在核试验这条道路上，美国进行了 1000 余次，而我国只进行了 45 次，不及美国的二十五分之一。

原子弹、氢弹、中子弹、核武器小型化……这是于敏和他的同事们用热血书写的一座座振奋民族精神的历史丰碑！

1999 年 9 月，于敏在大会上发言。 新华社记者王新庆摄

于敏的资料照片。
新华社记者白连锁摄

如一滴水，融入大海

就像他沉默的事业一样，于敏是个喜欢安静的人。

这种"安静"，在于敏女儿的记忆中就是一个字：忙。"整天待在房间里想东西，很多人来找他。"但因为工作太忙，父女间却少有交流。

于敏对"安静"有着自己的解释："所谓安静，对于一个科学家，就是不为物欲所惑，不为权势所屈，不为利害所移，始终保持严谨的科学精神。"

他曾对身边人说，别计较有名无名，要踏踏实实地做一个"无名英雄"。

名字解密后，于敏收获了应得的荣誉。但他仍秉持纯粹与"安静"。正如73岁那年他在一首题为《抒怀》的七言律诗中所写：身为一叶无轻重，愿将一生献宏谋。

在国庆50周年群众游行的观礼台上，被授予"两弹一星功勋奖章"的于敏，看着空前壮大的科技方队通过广场感慨万分："这是历史赋予我们每个科学家义不容辞的使命。"

2014年度国家最高科学技术奖的领奖台上，于敏坐在轮椅上，华发稀疏，一脸谦逊。

我国国防科技事业改革发展的重要推动者、改革先锋……极高的荣誉纷至沓来，于敏一如既往地低调。于家客厅高悬一幅字：

"淡泊以明志，宁静以致远"。

"于敏先生那一代人，身上有一种共性，他们有一种强烈的家国情怀。这种精神影响了一代又一代人，希望这种精神能够不断传承下去。"与他一起工作了50多年的中国工程物理研究院原副院长杜祥琬说。

一滴水，只有放进大海，才永远不会干涸。

"离乱中寻觅一张安静的书桌，未曾向阳已经砺就了锋锷。受命之日，寝不安席，当年吴钩，申城淬火，十月出塞，大器初成。一句嘱托，许下了一生；一声巨响，惊诧了世界；一个名字，荡涤了人心。"这是于敏当选2014感动中国年度人物时的颁奖词。

2019年1月16日，于敏溘然长逝，享年93岁。

愿将一生献宏谋——他兑现了对祖国的诺言，以精诚书写了中国现代史上一段荡气回肠的传奇。

参考文献

1. 中华人民共和国年鉴社编. 中国国情读本 2020 版 [M]. 北京：新华出版社，2020.

2.《勋章，共和国不会忘记》编写组编. 勋章 共和国不会忘记 [M]. 北京：新华出版社，2019.

3. 任仲文. 功勋 [M]. 北京：人民日报出版社，2021.

4.《国家勋章和国家荣誉称号获得者风采录》编委会编. 国家勋章和国家荣誉称号获得者风采录 [M]. 北京：人民出版社，2020.

5. 彭桓武. 宁静而致远的一流科学家 [J]. 物理，2006,(第 9 期):750 - 750.

程开甲

1918.8 — 2018.11

半生埋名为国铸盾

我国核武器事业的开拓者

我国核试验科学技术体系的创建者之一，中国科学院院士

先后参与和主持首次原子弹、氢弹试验

以及"两弹"结合飞行试验等多次核试验

曾荣获"八一勋章""两弹一星功勋奖章"

国家最高科学技术奖和"人民科学家"国家荣誉称号等

> "人生的价值在于奉献是我的信念，正因为这样的信念，我才能将全部精力用于我从事的科研事业上。"
>
> ——程开甲

半个世纪隐姓埋名，将自己的一生与共和国的核试验事业系在一起，他曾说："我这辈子最大的幸福，就是自己所做的一切，都和祖国紧紧地联系在一起。"

2019年5月11日，"两弹一星"元勋、我国核武器事业的开拓者之一、我国核试验科学技术体系的创建者之一程开甲的骨灰被葬入位于新疆和硕的马兰烈士陵园。

百岁开甲，落叶归根。

罗布泊的"核司令"

在生命的最后岁月里，程开甲翻阅到图册，看到中国第一颗原子弹爆炸试验所用的铁塔，眼中放出光彩："这是我非常熟悉的地方。"

程开甲是我国指挥核试验次数最多的科学家，在罗布泊工作的20多年，是他铭记一生的时光。

时间回到 1964 年 10 月 16 日，伴随着一声惊天巨响，原子核裂变的巨大火球和蘑菇云腾起，飘浮在戈壁荒漠上空，我国自主研制的第一颗原子弹爆炸成功。

自动控制系统在十几秒的时间内，启动了上千台仪器，分秒不差地执行了任务，97% 的测试仪器都记录下完整数据。而美国、英国、苏联在进行第一次核试验时，只拿到很少的数据，法国在进行第一次核试验时甚至没拿到任何数据。

那一刻，程开甲激动万分。第一颗原子弹百米高塔爆炸方案是他设计的，核爆炸可靠控制和联合测定爆炸威力的方法也由他设定。

自动控制系统在十几秒的时间内，启动了上千台仪器，分秒不差地执行了任务。这证明我们自己制造的各种仪器、设备，都是高质量的、高水平的。

此后，程开甲在核试验任务中不断取得新的技术突破——

程开甲（后左一）与玻恩（前右一）等科学家合影。

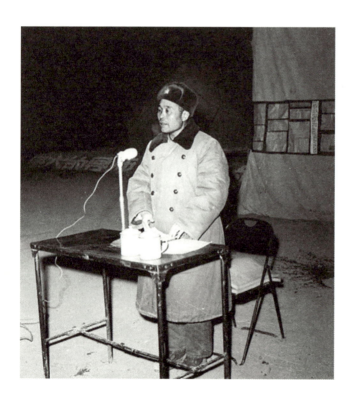

20 世纪 70 年代，程开甲在做任务前动员。
（资料照片）

1966年12月，首次氢弹原理性试验成功，他提出塔基地面用水泥加固，以减少尘土卷入；

1967年6月，第一颗空投氢弹试验成功，他提出改变投弹飞机的飞行方向，保证了投弹飞机的安全；

1969年9月，首次平洞地下核试验成功，他设计的回填堵塞方案，确保了试验的安全进行；

1978年10月，首次竖井地下核试验成功，他研究设计的试验方案获得成功……

从1963年第一次踏入"死亡之海"罗布泊，程开甲在茫茫戈壁工作、生活了20多年，历任核试验技术研究所副所长、所长、核试验基地副司令。

作为我国核试验技术的总负责人，他搞总体规划，靠的是技术，依据的是可靠的数据。有一次，程开甲提出了抗电磁波干扰的全屏蔽槽设计方案，但却遭到了基地个别领导的反对。有人劝程开甲不要太较真，他却说："我不管谁反对，我只看科不科学。"

程开甲提出的"全屏蔽"方法，就是给所有的仪器和设备都穿上"盔甲"，经验证，这一方法可保证测试仪器在被屏蔽的情况下，也能获取到准确数据。就这样，在后来的工作中，这种方法被一直沿用下去。

首次地下核爆炸成功后，为了掌握有关地下核爆炸的第一手材料，程开甲等科学家决定进入地下爆心去考察。这是开天辟地头一次，谁也说不清那里的辐射剂量，其危险程度可想而知。

程开甲穿上防护服，戴上口罩、手套、安全帽，带着大家在刚刚开挖的、直径只有 80 厘米的小管洞中匍匐爬行，最后进入到由爆炸形成的一个巨大空间。程开甲和同事们忙得汗流浃背，成功取得了大量第一手资料。

"拯救中国的方法：科学救国"

1918 年 8 月 3 日，程开甲出生于江苏省吴江县盛泽镇。"开甲"一字是其爷爷所取，寄托了一个家族对于科举入仕的无限希望。

1937 年，程开甲被交通大学和浙江大学同时录取。他选择进入浙江大学物理系，此后受教于束星北、王淦昌、陈建功、苏步青等一流学者。

由于家境贫寒，为了节省开支，程开甲经常在昏暗的灯光下读书，还把桐油灯的灯芯拨得很小。有一次，同学和他打赌，如果程开甲能够做到白天黑夜连着看书不睡觉，晚上的灯油钱就由他出。程开甲接受了挑战，从图书馆借来几本量子力学的书，看了两天两眼没合眼。"赌局"赢了，程开甲也获得了"程 BOOK（书）"的绰号。

程开甲在浙江大学读书的四年，也是学校西迁的四年。浙江大学搬迁了 7 个地方，行程 2600 多公里，中国之大，竟没有一个供学生安稳读书的地方。国家蒙辱、人民蒙难，在颠沛流离中，程开甲在笔记本上写下两行字 —— 中国落后挨打的原因：科技落后。拯救中国的方法：科学救国。

以优异成绩毕业后，程开甲先是留在浙江大学物理系担任助教，1946 年，又来到英国爱丁堡大学，师从量子力学奠基人、1954 年诺贝尔物理学奖获得者 —— 玻恩。

在玻恩门下学习和研究的四年中，程开甲不但学到了许多先进知识，还结识了许多世界级的科学巨匠，并确立了自己的研究方向。1948 年，他获得博士学位后，被聘为英国皇家化学工业研究所研究员，与导师玻恩共同提出了"程—玻恩"超导电性双带理论模型。

此时的程开甲在学界已功成名就，但因为中国积贫积弱，华人在国外总被人瞧不起，这让他心里憋着一口气。1949 年 4 月的一天晚上，程开甲在苏格兰出差，在看电影新闻片时，得知了紫石英号事件：中国人敢于向英国军舰开炮，击伤了英国军舰"紫石英号"。

"看完电影，我走在大街上，把腰杆挺得直直的。中国过去是一个没有希望的国家，但现在开始变了。就是从那天起，我看到了中华民族的希望。"程开甲后来回忆道。

半年后，《致全美中国留学生的一封公开信》从大洋彼岸传来，在欧洲留学生中也引发了极大反响。"是的，我们该赶快回去了！"1950 年 8 月，程开甲主动放弃了英国皇家化学工业研究所的优厚待遇和科研条件，购买了关于固体物理、金属物理方面的大量资料，义无反顾踏上了回国的行程。

多年以后，有人问他对当初的决定怎么看？程开甲说："回国后，尤其是到了晚年我很感慨，如果不回国，可能会在学术上有更大的成就，但最多是一个二等公民身份的科学家，绝不会有这样幸福。而我现在所做的一切，都和祖国紧紧地联系在一起。"

一辈子服从祖国的需要

程开甲曾说："面对祖国的需要，我除了服从，个人没有任何的选择。"

此言不虚，他一生始终把个人命运与祖国命运紧紧相连。

回国后，程开甲先到浙江大学物理系，后又调入南京大学物理系，专职从事理论物理的教学和研究。

1960 年，一纸命令将程开甲调入北京。出发前，什么也没说，程开甲也没有多问。到了首都，组织上才告诉他：叫你来，是搞原子弹的。

原子弹的研制，是当时国家的最高机密，参与这项工作就意味着保密奉献，不参加任何学术会议，不发表论文，不随便与人交

核爆炸试验现场。（左三为程开甲）

程开甲在打字机上撰写论文。（新华社发）

往。这项工作与程开甲原来的教学和科研不同，但为了国家的需要，程开甲直接改行，加入到我国核武器研制队伍中。

研制原子弹初期遇到的困难，是今人无法想象的。当时，程开甲分管材料状态方程的理论研究和爆轰物理研究两方面。那段时间，程开甲没日没夜地思考和计算，满脑子装的除了公式，就是数据。

有一次排队买饭，他把一张饭票递给打饭的师傅，说："我给你这个数据，你验算一下。"弄得师傅莫名其妙。排在后面的邓稼先拍着程开甲的肩膀提醒说："程教授，这儿是饭堂。"程开甲这才反应过来。可没过多久，邓稼先看到他刚往嘴里扒了两口饭，就把筷子倒过来，蘸着碗里的菜汤，在桌子上写出一个公式……

此后，程开甲又奉命组建核试验技术研究所，为了国家的需求，他再次改变自己的专业方向。

爆炸"零"时定于1964年10月16日15时。15日晚上，程开甲彻夜未眠。16日一早，天刚亮，他就披衣起床，走出帐篷，观测天气。"零"时准时到来，随着一声爆响，蘑菇云直冲云霄。"我们成功啦，原子弹爆炸成功啦！"

自进入保密科研领域的20多年间，程开甲没有公开发表过一篇论文，他把全部心血都化作一声声惊雷，献给了国家的国防事业。

程开甲为祖国奉献了自己的一生，祖国当然也会永远记得他的付出。1999 年他被国家授予"两弹一星功勋奖章"，荣获 2013 年度国家最高科学技术奖，2017 年被授予"八一勋章"……对于取得这些荣誉，程开甲有自己的看法："我只是代表，功劳是大家的。"

2018 年 11 月 17 日，程开甲逝世，享年 100 岁。

他把一生都献给了中国的核事业，献给了国家，正如《感动中国》给他的颁奖词：一片赤诚、一生奉献，一切都和祖国紧紧相联。黄金百战穿金甲，甲光向日金鳞开！

参考文献

1. 熊杏林著.程开甲[M].贵阳：贵州人民出版社，2004.05.
2. 程开甲口述；熊杏林，程漱玉，王莹莹访问整理.20 世纪中国科学口述史·创新·拼搏·奉献　程开甲口述自传[M].长沙：湖南教育出版社，2016.10.
3. 两弹一星功勋科学家程开甲[M].北京：国防工业出版社，2009.03.
4. 穆鲜明.大业光寰宇——追记"中国核司令"程开甲[J].江淮文史，2022（06）：109-118.
5. 程开甲[J].读写月报，2022（29）：48.
6. 汪思诗，马洋."核司令"程开甲：一辈子服从祖国的需要[J].钟山风雨，2022（03）：4-8.

CHINA 中国邮政

地质学家 刘东生（1917—2008）

1.20元

2022-20

(4-1)J

刘东生

1917.11
—
2008.3

黄土高原的行者

毕生从事地球科学研究

特别是黄土研究方面取得了大量的研究成果

中国科学院学部委员（院士）

是 2003 年度国家最高科学技术奖得主

> "对于科学工作者来说，每次新发现都是非常有意思的事，其中的乐趣难以形容。"
>
> ——刘东生

他从事地球科学研究近70载，对中国黄土序列的古环境研究做出了突出贡献；他创立了黄土学，被誉为"黄土之父"；他建立了250万年来最完整的陆相古气候记录，带领中国相关研究跻身世界科学前端，获得国际环境科学最高奖——泰勒环境成就奖。

他是刘东生，穿行在黄土高原的一名行者。

从地质研究到地球环境研究

1917年，刘东生出生于辽宁一个铁路工人家庭，1930年考入天津南开中学。

对刘东生来说，南开中学不仅是知识的宝库，更是陶冶精神的大熔炉，使他受益一生。在这里的 7 年求学生涯中，刘东生除了刻苦学知识以外，也注重身体锻炼。他加入了海鸥游泳队，把报纸上游泳比赛的内容剪贴下来，依靠照片研究别人的游泳姿势，自学成才。刘东生后来回忆，这种收集资料、分析资料的方法，对他今后的研究工作非常有帮助。

1938 年，刘东生几经辗转到达昆明，进入西南联大。一开始，刘东生选择的是机械专业，但入校后听到的一则故事让他改变了主意：易门铁矿开采前，需要有人勘测矿量，以确定是否值得开采，当时西南联大地质系教授经过勘测以后认为可以开采，开矿的事情就确定了下来。刘东生听后深受触动，于是果断转向地质专业。

西南联大的校训是"坚、毅、刚、卓"，短短几个字激励着刘东生。他严格要求自己，让自己像海绵一样汲取知识的营养。除了勤学理论，他也积极地参加野外地质考察，积累实践经验。

1942 年，刘东生以优异的成绩毕业。时值抗战，他先是参加了抗战服务团，抗战胜利后又考入中央地质调查所。从长江三峡，到天府煤矿，他和同事们攀悬梯、爬陡崖、穿越无人区，艰苦的考察工作没有让他有所抱怨，反而激发了他强烈的研究兴趣。

不过，在这段时期，刘东生在学术上主要从事的还是古脊椎动物研究，尤其是鱼化石研究，也受到国内外关注。直到 20 世纪

50 年代初时，他的研究生涯迎来了重要转折。在后来的回忆中，刘东生这样说：

"当时，周恩来总理请一位日本记者讲环境问题，我印象非常深，后来总理提出要重视环境问题，我就从单纯的地质研究转向地球环境研究，开始了与黄土的不解之缘。"

向黄土进军

曾经有人形容说，人类要了解地球数百万年的变化历史，必须读三本"书"：一本是深海沉积的历史，一本是极地冰芯的历史，第三本便是黄土的历史。

刘东生就是在黄土形成和演变历史研究方面做出卓越贡献的人。

20 世纪 50 年代中期，中科院有个重要的研究项目是黄河中游水土保持问题。刘东生设计了大面积网格状路线调查方案，他说：这是一次向黄土进军的誓师！

凭着对科学工作的热情，刘东生和同事们依靠两条腿，步行走完了每条路线，在黄土高原完成了东西与南北向、行程上万里的 10 条大剖面，收集了大量第一手资料。在此基础上，他们出版了《黄河中游黄土》《中国的黄土堆积》《黄河中游水土保持考察报告》等专著，对中国黄土的分布、厚度以及物理化学性质等做了系统总结。

刘东生在工作时的照片。
（新华社发）

工作时的刘东生。

（新华社发）

黄土到底是怎么形成的呢？国内外此前有多种关于黄土成因的学说：洪积形成，湖相沉积形成，河流冲击形成，石灰岩风化后残积形成……经过大量实地考察研究，刘东生和同事们根据戈壁、沙漠到黄土的分带，以及黄土区黄土颗粒粒度由西北向东南逐渐变细的事实，认为黄土物质由风力搬运而来。

他们还发现，黄土高原的地层、地质和岩性在广大范围内具有相似性和一致性。通过对黄土的物质成分进行分析，中国科学家发现了黄土颗粒的动态性，对黄土的空间分布有了清楚认识，并开始对黄土里的古气候特征进行研究。

在此基础上，刘东生大胆地将过去只强调搬运过程的"风成说"扩展为"新风成说"，对黄土物质来源、搬运过程、搬运时的风力情况、沉积时的环境风貌以及沉积后的变化等全过程进行了阐述，形成一套完整的理论。这些成果，奠定了中国黄土研究的基础。

"黄土地是我们世世代代休养生息的地方，它是一个巨大的地质文献库，隐含着地球环境变化的各种信息，它像一把钥匙，能够解开无数的谜。"刘东生这样告诉自己的学生。

到 20 世纪 80 年代，刘东生基于中国黄土重建了 250 万年以来的气候变化历史，使中国黄土成为古气候变化记录的最重要档案库，与深海沉积、极地冰芯并列成为全球环境变化研究的三大支柱，为全球气候变化研究做出重要贡献。

研究过去，是为了将来

地球是个整体，从事地质科学、环境科学研究的刘东生十分清楚。

从 1964 年起，他参加领导了希夏邦马峰、珠穆朗玛峰、托木尔峰、南迦巴瓦峰的登山科学考察，致力于青藏高原隆起与东亚环境演化研究，把青藏高原研究同黄土高原研究结合起来，把固体岩石圈的演化同地球表层圈的演化结合起来，开辟了地球科学一个新领域。

一位科学考察工作者，仅熟悉中国的土地是不够的，还必须了解更多的地方，特别是地球的南极、北极。1991 年 11 月，74 岁高龄的刘东生前往南极的乔治王岛，以中国南极长城站为基地，进行了为期一个月的科学考察。

大凡没有去过南极的人，在重大考察行动之前，想到未来的艰险，心绪总是格外的不平静。刘东生却没有，这主要得益于他多年的高原考察探险，攀高崖、越鸿沟、睡野外、忍饥饿，类似的艰险已司空见惯。

去了南极，再探北极。1996 年 8 月，飞越巴伦支海，79 岁的刘东生又登上地处北纬 78 度多的斯瓦尔巴德群岛。他忘情地周转于这座群岛，以致登上一座冰川时，让随行的一位 20 多岁的挪威科技人员为之瞠目，感叹他的好体力，钦羡他科学求实的精神。

为什么不顾年迈要去北极？刘东生在一次接受采访时说，北极地区对于中国人来说是个遥远而又寒冷的世界，但北极作为距离中国最近的极地，其地理位置、自然环境、经济资源使北极地区和中国的今天和未来息息相关。

刘东生还说：作为一个地质科研工作者，掌握第一手资料是最为重要的。物理、化学可以做实验，验证其实验结果，而地质学不可能仅靠做实验。比如北极、南极，若是没有亲历的话，无论如何也想象不出那里是个什么样子。从某种意义上说，他喜欢实地踏访，也是由他所从事的学科特点决定的。

2002 年，刘东生获国际最高环境科学成就奖——泰勒奖，这个奖通常授予对发现和解决世界范围的环境问题做出重大贡献的科学家。2003 年，刘东生又获得了国家最高科技奖。

2008 年 3 月 6 日，刘东生与世长辞，享年 91 岁。

一辈子与黄土打交道，研究数百万年前的古环境，会不会离今天太过遥远？

刘东生的学生、同样是著名地质学家的丁仲礼院士曾经评价：古环境的温度、湿度、水文、植被等演变过程和周期规律，对认识今天以及未来环境和气候具有重要意义。比如，我国沙尘暴的发生，除了人为破坏地面植被等原因，是否与自然界周期性干旱气候演变有关？这需要大跨度的自然历史演变及其规律作为研究背景。

"研究过去只是为了将来，否则研究就失去了方向。"刘东生自己这样说。

2004 年 2 月 20 日，荣获国家最高科技奖的环境科学家刘东生（右）获奖后和夫人合影。（新华社记者庞兴雷摄）

参考文献

1. 刘东生口述；张佳静整理 . 黄土情缘　刘东生口述自传 [M]. 长沙：湖南教育出版社，2017.03.

2. 潘云唐著 . 揭开黄土的奥秘：刘东生 [M]. 北京：新华出版社，2008.01.

3. 白晶著 . 刘东生传 [M]. 南京：江苏人民出版社，2009.01.01.

4. 白晶著 . 就恋这把黄土　刘东生传 [M]. 南京：江苏人民出版社，2009.01.01.

5. 高彤 . 刘东生：研读"黄土"60 年 [J]. 国企管理，2021（20）：72-75.

吴文俊

创"中国方法"，寻数学之"道"

我国数学界的巨擘，中国科学院学部委员（院士）

主要成就在拓扑学和数学机械化两个领域

获首届国家自然科学奖一等奖（1956年）

获首届国家最高科学技术奖（2000年度）

"我们是踩在许多老师、朋友和整个社会的肩膀上才上升了一段。应当怎么样回报老师、朋友和整个社会呢？我想，只有让人踩在我的肩膀上。"

——吴文俊

将吴文俊称为中国数学界的"泰山北斗"也不为过。

1956 年，他就与华罗庚、钱学森一起获得首届国家自然科学奖（时称中国科学院科学奖金）一等奖。2001 年，82 岁高龄的他又和袁隆平一起站上首届国家最高科技奖的领奖台。

作为中国最具国际影响的数学家之一，他开创了近代数学史上第一个由中国人原创的研究领域。他提出的"吴公式""吴方法"具有极强的独创性，成就泽被至今，甚至激发了人工智能领域的跨越。

开辟数学一方新天地

1234567……普通人看来再平凡不过的数字，在吴文俊眼中却如此美妙，值得用一辈子求索其中之"道"。

拓扑学被称为"现代数学的女王"。20 世纪 50 年代前后，吴文俊由繁化简、由难变易，提出"吴示性类""吴公式"等。他的工作承前启后，为拓扑学开辟了新天地，令国际数学界瞩目，也因此成为影响深远的经典性成果，许多著名数学家从中受到启发或直接以他的成果为起始点之一。

"对纤维丛示性类的研究做出了划时代的贡献。"数学大师陈省身这样称赞。1956 年，吴文俊与华罗庚、钱学森一起获得首届国家自然科学一等奖。

吴文俊不满足于此。

1975 年，《数学学报》发表了一篇署名"顾今用"的文章，对中西方的数学发展进行深入比较，精辟独到地论述了中国古代数学的世界意义。

"顾今用"是吴文俊的笔名。正如这一笔名所预示，吴文俊逐步开拓出一个既有浓郁中国特色又有强烈时代气息的数学领域——数学机械化。

数学机械化是什么？可以举一个例子：吴文俊提出用计算机证明几何定理的方式，实现了将烦琐的数学运算证明交由计算机完成

1955 年，吴文俊在中科院数学所做拓扑学的学术报告。
新华社发

1956 年的吴文俊。新华社记者傅军摄

的目标。"数学的实质跃进在于化难为易。"吴文俊这么说。

这是近代数学史上第一个由中国人原创的研究领域，被命名为"吴方法"，后来被应用于多个高技术领域，解决了曲面拼接、计算机视觉等核心问题，在国际上引发了一场关于几何定理机器证明研究与应用的高潮。

1982 年，美国人工智能协会主席布莱索等知名科学家联名致信中国当时主管科技工作的领导人，赞扬吴文俊"独自使中国在该领域进入国际领先地位"。

2006 年，年近九旬的吴文俊凭借"对数学机械化这一新兴交叉学科的贡献"获得邵逸夫数学奖。评奖委员会这样评论他的获奖工作：展示了数学的广度，为未来的数学家们树立了新的榜样。

"应该出题目给人家做"

数学是自然科学的基础，也是重大技术创新发展的基础。今天的中国，越来越认识到数学这样的基础学科的重要性，也越来越重视原创的价值。

吴文俊是先行者。

研究数学机械化，是吴文俊学术生涯的一次重大转折。转向新的研究领域，却与他的理念一脉相承。吴文俊曾对人回忆：我们往往花很大力气从事对某种猜测的研究，但对这个猜测证明也好，推进也罢，无非是做好了老师的题目，仍然跟在别人后面。

做开创领域的工作，是最重要的创新。吴文俊通过对中国古代数学的认真研究，得到一种启示：不必照西方的道路走，而是走另外一条道路。对数学与计算机科学研究影响深远的"吴方法"，就是他在中国古代传统数学的启发下取得的开创性研究。

在同一时期，吴文俊还用算法的观点对中国古算作了正本清源的分析，认为中国古算是算法化的数学，由此开辟了中国数学史研究的新思路与新方法。

"不管谁提出来好的问题，我们都应想办法对其有所贡献，但是不能止步于此。我们应该出题目给人家做，这个性质是完全不一样的。"吴文俊说。

他的学生、中科院数学与系统科学研究院研究员高小山1988年曾赴美国得克萨斯大学奥斯汀分校，后者是美国人工智能研究的主要中心之一。高小山回忆，在与一众知名学者交谈时，他们经常挂在嘴边的话是：吴是真正有创新性的学者。还有人对高小山说：你来美国不是学习别人东西的，而是带着中国人的方法来的。

中科院院士、数学与系统科学研究院原院长郭雷曾撰文回忆，作为享有盛誉的数学家，吴文俊对中国数学的发展有独到见解，"他认为，中国数学最重要的是要开创属于我们自己的研究领域，创立自己的研究方法，提出自己的研究问题。"

吴文俊在工作。 新华社发

2014 年的吴文俊。 新华
社记者金立旺摄

一辈子就是在做学问

2017 年 5 月，吴文俊辞世，享年 98 岁。北京八宝山，千余人静静排着长队，为他送上最后一程。

在身边人的眼中，吴文俊虽年事已高却"永远不老"。他乐观开朗，常有一些惊人之举。有一次去香港参加研讨会，开会间隙出去游玩，年逾古稀的他竟坐上了过山车，玩得不亦乐乎；一次访问泰国期间，他坐到大象鼻子上开怀大笑，还拍下了照片。

吴文俊在 70 岁的时候，曾经写了一首打油诗："七十不稀奇，八十有的是，九十诚可贵，一百亦可期。"到了 80 岁大寿的时候，他对这首诗做了微妙的修改，把每一句都增加了 10 岁。

吴文俊的学生们回忆，先生在工作之余也有一些小爱好，比如爱看武侠小说，比如 90 岁高龄时还经常一个人逛逛书店、电影院，偶尔还自己坐车去中关村的知春路喝咖啡。

"永远不老"的背后，是徜徉在数学王国中的纯粹。

20 世纪 80 年代，吴文俊的一位学生在中科院图书馆和国家图书馆借了大量数学专业书，发现几乎每一本书的借书卡后面，都留有吴文俊的名字。

许多人评价，吴文俊"一辈子就是在做学问，一心一意做学问"。他公认有两个突出特点：一是非常勤奋、非常刻苦；二是非常放得开，为人豁达，不受私利困扰。

获得国家最高科技奖后，各种活动邀约不断，吴文俊公开说："我是数学家、科学家，不想当社会活动家。"

"做研究不要自以为聪明，总是想些怪招，要实事求是，踏踏实实。功夫不到，哪里会有什么灵感？"吴文俊生前接受采访表示。

他也曾说："我们是踩在许多老师、朋友和整个社会的肩膀上才上升了一段。应当怎么样回报老师、朋友和整个社会呢？我想，只有让人踩在我的肩膀上。"

参考文献

1. 吴文俊口述，邓若鸿、吴天骄访问整理．走自己的路——吴文俊口述自传 [M]．湖南教育出版社，2015 年．
2. 柯琳娟．吴文俊传：让数学回归中国 [M]．江苏人民出版社，2009.
3. 李响．数学森林里的探险家：吴文俊的故事 [M]．北京出版社，2022.
4. 蔡天新．数学家画传·吴文俊 [M]．华东师范大学出版社，2019.

袁隆平

1930.9
—
2021.5

将一生奉献给杂交水稻

农业科学家，致力于杂交水稻技术的研究、应用与推广

创建了超级杂交稻技术体系

是我国杂交水稻事业的开创者和领导者

中国工程院院士

国家最高科学技术奖获得者、"共和国勋章"获得者

"我没有什么成功秘诀，就八个字——知识、汗水、灵感、机遇。"

——袁隆平

皮肤黝黑、个头不高、有点瘦削，袁隆平可能是当代中国最著名的"农民"。

半个多世纪来，他的名字与杂交水稻紧紧连在一起。他心里装着的，是一粒粒"金种子"，是万亩良田阡陌纵横，是亿万人民"吃得饱、吃得好"的福祉。

"洪范八政，食为政首。"中国是个人口众多的大国，解决好吃饭问题始终是头等大事。以袁隆平为代表的一批科学家，一辈子扎根在田间地头，踏踏实实探寻育种增产的客观规律，将自己一生奉献给一粒粒粮食种子。

因为他们，14亿多中国人向世界给出响亮的回答：我们可以把饭碗牢牢端在自己手中！

对准焦距：从种子入手

1953 年 7 月，袁隆平从重庆西南农学院毕业，随后下派到湖南湘西雪峰山脚下的安江农校任教。

很多人对湘西普通的一个中专教师，转而痴迷研究杂交水稻百思不得其解。但年轻的袁隆平默默立下志愿：一定要为农民做些实事，让老百姓不再饿肚子，要用粮食救中国。

新中国成立初期以苏联为师，袁隆平先按当时苏联的主流生物学理论搞了三年，结果却"竹篮打水——一场空"——当代嫁接是可以的，但根本不能遗传。

三年里，科学研究的辛苦倒是其次，让袁隆平感到迷茫的，是每天早上醒来后对未来方向的不确定感。往哪里走，怎么走，全都得倚靠自己一步步摸索，仿佛一个人走在空旷灰暗的隧道中，孤独又寂寥。

换一条路，用孟德尔遗传学搞育种。在 20 世纪五六十年代，选取一种被认为"唯心"的理论，少不了要受到周围人的质疑和嘲讽。可一位真正的科学家，从来不会甘心服膺于某种片面的、既定的观点。

这时的袁隆平，透露出一种知识分子的"狡黠"——他偷偷地用《人民日报》把书遮住，有人来就装着看报纸，没人的时候就打开书本自己认真研读起来。讲课时，他也会不动声色地悄悄给学生讲一些孟德尔、摩尔根现代经典遗传学的知识，将学术的火种播洒下去。

袁隆平原本首先考虑研究小麦、红薯，后来综合地理、气候、经费等因素，几经权衡，才将研究重心确定为水稻。

一次，他在农村实习，一位生产队队长对他说："袁老师，你是搞研究的，要是能培育一个亩产八百斤、一千斤的新品种，那该多好啊！"一语惊醒梦中人，这番对话让袁隆平开始思考到了农民在增产上最最紧迫的需要是什么：农业增产的途径有很多，但其中良种一定是最为重要的东西。

他顿时感到自己对准了焦距，就从种子入手！

在千千万万稻穗里寻找突破

杂种优势是自然界中存在的普遍现象，可是在传统理论中，水稻，这种中国人最主要食物的作物，恰恰没有杂交优势，它是一种自花授粉作物。一株水稻只要一开花，雄花自然就会给同株上同时开放的雌蕊柱头授粉。

难道水稻真的不能杂交？袁隆平对这种理论产生怀疑。他开始去稻田中寻找突破。

每天吃过早饭，袁隆平就带上水壶和两个馒头匆匆走出家门，迎接他的是枯燥的机械工作和天气的严酷考验。恶劣的环境裹挟着焦灼的心情，使得黝黑瘦削的脸颊上早已布满细密的汗珠，袁隆平总是草草抹一把脸又继续投入工作，不言苦累，更别提歇息。

田野泥泞，稻株莽莽，袁隆平每天手持放大镜在几千几万的稻穗里寻找。1961年夏天，他终于在一丘早稻田块里发现了一株鹤立鸡群的稻子。手捧着那棵天然杂交稻，袁隆平用实践推翻了原本的经典理论。这一年，他31岁。

如同隧道中深一脚浅一脚踉跄行进的人猛一下看到了出口处斑驳夺目的光芒。他继而做出了一个十分大胆的推想：既然自然界存在杂交稻，也应该会存在天然的雄性不育株。

着手高亩产水稻良种繁育工作后，袁隆平遇到的一个难题是如何年年大量生产出第一代杂交种子，只有这样，才能使杂交水稻的优势稳步发挥到极致。解决这个问题最好的方法是寻找和培育一种特殊的水稻——"雄性不育系"。

工作自1964年的夏季正式启动。六七月火伞高张，阳光似裹了辣椒水般兜头浇下，燎得人皮肤火烧一般地疼。这是水稻开花最盛的时候，也是寻找不育雄蕊的最佳时机。袁隆平挽起裤管，赤脚踩进水田里，飞溅出的泥浆一次次打在腿上，让人又麻又痒……

1978 年 3 月，袁隆平（左一）在全国科学大会
的小组会上发言。新华社记者刘少山摄

一垅垅、一行行、一穗穗，14万多个稻穗被袁隆平一一检视。转机出现在第14天。袁隆平的目光突然被一株特殊水稻所吸引：花开了，花药中没有花粉，但雌蕊是正常的，这不就是退化了的雄花吗？他欣喜若狂，小心翼翼地将花药采下，阔步赶至学校实验室做镜检，最终发现那果真是一株花粉败育的雄性不育株。攻克杂交稻育种难题跨出了关键的第一步！

1966年，经过一系列的实验，袁隆平将初步研究成果整理撰写成论文《水稻的雄性不孕性》。这篇论文，拉开了中国杂交水稻研究的序幕。论文中，他对雄性不育株在水稻杂交中所起的关键作用做了重要论述，并进一步设想了杂交水稻研究成功后的应用方法。

这篇论文发表后引起了国内外的广泛关注，它在历史上首次揭示水稻雄性不育的病态之谜。三系法杂交水稻研究的序幕，自此拉开。

杂交水稻研究进入攻关阶段。袁隆平的研究小组入驻海南三亚进行繁育工作，他们在海南发现了被誉为"野败"的雄性不育野生稻。其转育工作的开展使得一向冷清的南红农场变得热闹非凡，全国各地的农业科技工作者不断会聚到这里来跟班学习。

20世纪六七十年代交通不发达，去海南的列车车次少、车速慢，老火车头呼哧呼哧地拖着身后的一节节车厢，脚步沉重地行驶在黑夜与白昼之间，车厢里的人挤得满满当当。袁隆平和科研小组的成员们背起一床棉絮，上面横一卷草席；提个桶，桶里面放种子，就这样赶车、赶船下海南……

生活很苦，但袁隆平乐在其中，因为他的心中，始终有信念在支撑。

农民的形象，科学家的内里

1975年，杂交水稻制种技术研制成功，我国因此成为世界上第一个生产上成功利用水稻杂种优势的国家。

1979年，杂交水稻国际学术会议上，袁隆平宣读了自己的论文《中国杂交水稻育种》，中国第一次将杂交水稻研究的成功经验传递给世界。

1981年，国务院将"国家技术发明特等奖"授予以袁隆平为代表的全国籼型杂交水稻科研协作组。

袁隆平著于1985年的《杂交水稻简明教程》，经联合国粮农组织出版后，发行到40多个国家，成为全世界杂交水稻研究和生产的指导用书。

很长一段时间里，袁隆平处于一种"永动"的状态，为科研四处奔走，无暇同家人团聚。他曾有7个春节都不曾回家，好不容易挤出时间看看妻儿，可能当天就接到让他返程的电话。

1981年，国际杂交水稻培训班在湖南举办，袁隆平担任培训班的主要教学工作。新华社记者宁光前摄

1987年11月，联合国教科文组织总干事向袁隆平（左二）颁发科学奖证书，表彰他在研究杂交水稻方面做出的突出贡献。新华社记者吕全成摄

1997 年，袁隆平再次发起超级杂交稻的研究。

"我做过两次梦，一个是'禾下乘凉梦'。我的梦里水稻长得有高粱那么高、子粒有花生米那么大。我的另外一个梦想就是希望我的亩产 1000 公斤早日实现，实现了以后还有没有更高的目标呢？我希望培养一些年轻人向更高的 1200、1300 公斤来奋斗。这就是我的梦，为我们国家和世界的粮食安全做出我应有的贡献。"

2004 年 800 公斤、2011 年 900 公斤、2014 年 1000 公斤实现超级稻的"三连跳"……也是在这一年，袁隆平获得了世界粮食奖。

杂交水稻这个水稻王国里曾经的新生雏鸟，已由洞庭湖的麻雀变为太平洋的海鸥，彻底"飞"向世界。尤其在一些发展中国家，"东方魔稻"让当地人又惊又喜。

20 世纪 90 年代初，联合国粮农组织将推广杂交水稻列为解决发展中国家粮食短缺问题的首选战略，袁隆平被聘为国际首席顾问，十几次赴印度、缅甸、越南等国指导发展杂交水稻，截至 2006 年，杂交水稻已在全球 20 多个国家开始研究和引种，种植面积已达 3000 多万亩……

直到去世前，袁隆平仍未停下对于杂交水稻的研究与突破，殚精竭虑尝试将水稻种在盐碱地里，种在沙漠中。

将一生奉献给杂交水稻，他曾留下这么一句话："就是要挑战自己，能有更多的突破，永远不会停下前进的脚步。"

袁隆平在观察两系法杂交晚稻结实情况。 新华社记者殷菊生摄

参考文献

1. 袁隆平 . 杂交水稻是怎样育成的：袁隆平口述自传 [M]. 湖南教育出版社，2010.

2. 姚昆仑 . 梦圆大地：袁隆平传 [M]. 中国地图出版社，2015.

3. 陈启文 . 袁隆平的世界 [M]. 湖南文艺出版社，2016.

4. 聂冷 . 袁隆平传 [M]. 民主与建设出版社，2024.